who?

글 임영제

어린이 만화 잡지 《팡팡》을 통해 데뷔했으며, 현재 스토리 작가로 왕성하게 활동하고 있습니다. 과학, 역사, 문화 등 다양한 분야에서 어린이 독자들이 재미있게 읽을 수 있는 글을 쓰고 싶어 합니다. 대표작으로는 《원더시티》, 《해적선 습격사건》, 《전통문화백과》, 《놀라운 인체이야기》, 《세계사 이야기》 등이 있습니다.

그림 원 프로덕션

2004년에 창작 만화팀으로 시작해서 《싸움신》, 《나비혼》, 《애사혼》, 《원페어》, 《스토커 등 많은 작품을 그렸습니다. 2006년부터는 《타임 첼린저》, 《1박 2일》, 《태왕사신기》, 《삼국지》, 《사자성어》, 《열국지》 등의 학습 만화를 그리면서 어린이에게 꿈과 희망을 주기 위해 노력하고 있습니다.

감수 경기초등사회과연구회
진로 탐색 감수 이랑(한국고용정보원 전임연구원)
추천 송인섭(숙명 여자 대학교 명예 교수)

알베르트 슈바이처

개정판 1쇄 인쇄 2024년 11월 15일
개정판 1쇄 발행 2025년 1월 1일

글 임영제 **그림** 원 프로덕션

펴낸이 김선식
펴낸곳 다산북스

부사장 김은영
어린이사업부총괄이사 이유남
책임편집 박세미 **디자인** 김은지 **책임마케터** 김희연
어린이콘텐츠사업1팀장 박정민 **어린이콘텐츠사업1팀** 김은지 박세미 강푸른
마케팅본부장 권장규 **마케팅3팀** 최민용 안호성 박상준 김희연
편집관리팀 조세현 김호주 백설희 **저작권팀** 이슬 윤제희 **제휴홍보팀** 류승은 문윤정 이예주
재무관리팀 하미선 김재경 임혜정 이슬기 김주영 오지수
인사총무팀 강미숙 이정환 김혜진 황종원
제작관리팀 이소현 김소영 김진경 최완규 이지우 박예찬
물류관리팀 김형기 김선민 주정훈 김선진 한유현 전태연 양문현 이민운

출판등록 2005년 12월 23일 제313-2005-00277호
주소 경기도 파주시 회동길 490
전화 02-704-1724 **팩스** 02-703-2219
다산어린이 카페 cafe.naver.com/dasankids **다산어린이 블로그** blog.naver.com/stdasan
종이 신승INC **인쇄** 북토리 **코팅 및 후가공** 평창피앤지 **제본** 대원바인더리

ISBN 979-11-306-5822-3 14990

알베르트 슈바이처

Albert Schweitzer

다산
어린이

추천의 글

자신만의 멘토를 만날 수 있는 who? 시리즈

다산어린이의 〈who?〉 시리즈는 어린이들은 물론 어른들에게도 재미와 감동을 주는 교양 만화입니다. 〈who?〉 시리즈는 전 세계 인류에 영향력을 끼친 인물들로 구성되었으며 인물들의 삶과 사상을 객관적으로 전해 줍니다.

이처럼 다양한 나라와 분야에서 활약한 위인들의 이야기를 통해 과학, 예술, 정치, 사상에 관한 정보는 물론이고, 나라별 문화와 역사까지 배우게 될 것입니다. 〈who?〉 시리즈의 가장 큰 장점은 위인들이 그들의 삶에서 겪은 기쁨과 슬픔, 좌절과 시련, 감동을 어린이들이 함께 느낄 수 있다는 것입니다. 어린이들은 이 책을 읽으면서 폭넓은 감수성을 함양하게 됩니다.

〈who?〉 시리즈의 어린이 독자들이 책 속의 위인들을 통해 자신만의 멘토를 만나 미래의 세계적인 리더로 성장하기를 진심으로 응원합니다.

존 덩컨 미국 UCLA 동아시아학부 교수

존 덩컨(John B. Duncan) 교수는 한국학 분야의 세계적인 석학으로 미국 UCLA 한국학 연구소 소장 및 동 대학의 동아시아학부 교수를 겸직하고 있습니다. 하버드 대학교 교환 교수와 고려 대학교 해외 교육 프로그램 연구센터장을 역임했으며, 주요 저서로는 《조선 왕조의 기원》, 《조선 왕조의 시민 행정의 제도적 기초》 등이 있습니다.

세상을 더 나은 곳으로 만든
사람들의 이야기

어린이들은 자라면서 수많은 궁금증을 가지게 됩니다. 그중에서도 "저 사람은 누굴까?"라는 질문은 종종 아이들의 머릿속을 온통 지배해 버리기도 합니다. 다산어린이에서 출간된 〈who?〉 시리즈는 그런 궁금증을 해결해 주기 위해 지구촌 다양한 분야의 리더들을 소개하고 있습니다.

〈who?〉 시리즈에 등장하는 인물들은 인종과 성별을 넘어 세상을 더 나은 곳으로 만든 사람들입니다. 어린이들은 이 책에서 디지털 아이콘으로 불리는 스티브 잡스는 물론 니콜라 테슬라와 같은 천재 발명가를 만날 수 있습니다.

책 속 주인공들의 어린 시절 이야기를 통해 도전과 성취감을 함께 맛보고, 그들과 함께 성장하면서 스스로 창조적이고 인류에 도움이 되는 사람이 되겠다는 포부와 자신감을 갖게 될 것입니다.

〈who?〉 시리즈 속에서 다채롭고 생동감 넘치는 위인들의 이야기를 만나 보세요.

에드워드 슐츠 하와이 주립 대학교 언어학부 교수

에드워드 슐츠(Edward J. Shultz) 하와이 주립 대학교 언어학부 교수는 동 대학의 한국학센터 한국학 편집장을 역임한 세계적인 석학입니다. 평화봉사단 활동의 하나로 한국에서 영어 교사로 근무한 경험이 있으며, 현재 한국과 미국, 일본을 오가며 활발한 활동을 펼치고 있습니다. 저서로는 《중세 한국의 학자와 군사령관》, 《김부식과 삼국사기》 등이 있고, 한국 중세사와 정치에 대한 다수의 기고문을 출간했습니다.

추천의 글

미래 설계의 힘을 얻는 길이 여기에 있습니다

어린이가 성장하는 시기에는 스스로 미래를 설계하며 다양한 책을 접하는 경험이 필요합니다.

어린 시절 만난 한 권의 책이 인생에 미치는 영향이 얼마나 큰지는 꿈을 이룬 사람들의 말을 통해서 알 수 있습니다. 빌 게이츠는 오늘날 자신을 만든 것은 동네의 작은 도서관이었다고 말하고, 오프라 윈프리는 어린 시절 유일한 친구는 책이었음을 고백하며 독서의 중요성에 대해 이야기합니다.

꿈을 이룬 사람들의 공통점은 또 있습니다. 그들에게는 어린 시절, 마음속에 품은 롤 모델이 있었습니다. 여러분의 롤 모델은 누구인가요? 〈who?〉 시리즈에서는 현재 우리 어린이들이 가장 닮고 싶어하는 롤 모델을 만날 수 있습니다. 버락 오바마, 빌 게이츠, 조앤 롤링, 스티브 잡스 등 세상을 바꾼 사람들의 감동적인 이야기를 담은 〈who?〉 시리즈는 어린이들이 구체적인 목표를 설정하고 희망찬 비전을 세울 수 있도록 도와줄 친구이며 안내자입니다. 〈who?〉 시리즈를 통하여 자신의 인생 모델을 찾고 미래 설계의 힘을 얻을 수 있습니다.

송인섭 숙명 여자 대학교 명예 교수

숙명 여자 대학교 명예 교수이자 한국영재교육학회 회장으로 자기주도학습 분야의 최고 권위자입니다. 한국교육심리연구회 회장, 한국교육평가학회 회장, 한국영재연구원 원장을 역임했습니다. 자기주도학습과 영재 교육의 이론을 실제 교육 현장에 적용하기 위해 노력하고 있습니다.

평생을 이끌어 줄 최고의 멘토를 만날 수 있는 책

10대에 가장 중요한 것은 무엇일까요? 학과 공부와 입시일까요? 우리나라 최초의 국제회의 통역사로 30년 동안 활동하면서 글로벌 리더들을 만날 기회가 수없이 많았던 저는 대한민국의 초등학생들에게 특별한 조언을 해 주고 싶습니다. 그것은 큰 꿈을 가지는 것이 무엇보다 중요하다는 것입니다.

꿈은 힘들고 지칠 때 나를 이끌어 주는 힘이고 내 인생의 주인이 되어 일어설 수 있게 하는 원동력이 되어 줍니다. 꿈이 있는 아이가 공부도 잘하고 결국 그 꿈을 실현할 수 있게 되는 것입니다. 저 역시 어린 시절 품었던 꿈이 지금의 자리에 있게 한 원동력이었습니다. 남들이 모르는 큰 꿈을 마음속에 간직하고 있었기에 괴롭고 힘들어도 포기하지 않고 다시 일어설 수 있었습니다.

어린 시절 저에게도 힘들고 지칠 때마다 용기를 불어넣어 주고 힘이 되어 주었던 분들이 있었습니다. 지금의 자리로 저를 이끌어 준 멘토들처럼 〈who?〉 시리즈에서 여러분의 친구이자 형제, 선생이 되어 줄 멘토를 만날 수 있기를 바랍니다.

최정화 한국 외국어 대학교 교수

우리나라 최초의 국제회의 통역사로 현재 한국 외국어 대학교 통번역 대학원 교수로 재직 중입니다. 세계 무대에서 자신의 꿈을 이룬 여성 신화의 주인공으로, 역시 세계에서 꿈을 펼치려고 하는 청소년들에게 멘토로서의 역할을 충실히 하고 있습니다. 저서로는 《외국어 내 아이도 잘할 수 있다》, 《외국어를 알면 세계가 좁다》, 《국제회의 통역사 되는 길》 등이 있습니다.

차 례

Albert Schweitzer

등장 인물

- 이름: 알베르트 슈바이처
- 생몰년: 1875~1965년
- 국적: 독일
- 직업·활동 분야: 의사
- 주요 업적: 아프리카 랑바레네에 병원 설립, 1952년 노벨 평화상 수상

알베르트 슈바이처

목사인 아버지 밑에서 음악과 신앙의 영향을 받으며 자랐습니다. 대학에서 철학과 신학 공부를 했고, 교수로 안정적인 생활을 하다가, 30살에 의료 봉사를 위해 의학 공부를 시작했어요. 아프리카 랑바레네에서 병원 건물도 없이 닭장에서 의료 봉사를 시작한 슈바이처에게 어떤 일들이 생길까요?

헬레네 브레슬라우

슈바이처의 아내입니다. 간호학을 공부하여 랑바레네에서 슈바이처와 함께 흑인을 위한 의료 봉사에 헌신했어요. 힘든 역경을 헤쳐 나가며 늘 슈바이처의 든든한 지원자가 되어 주었습니다.

요제프

슈바이처의 통역사 겸 조수로 일하던 아프리카 현지인이에요. 말도 통하지 않고, 피부색도 다른 슈바이처를 믿지 않았던 아프리카 사람들의 마음을 돌리는 데 큰 도움이 되었습니다.

들어가는 말

- 가난했던 친구들과 비교하여 부족함 없이 자란 슈바이처가 모든 것을 포기하고 의료 봉사를 떠나게 된 과정을 살펴봐요.
- 슈바이처가 소중하지 않은 생명은 없다는 생명 외경 사상을 깨닫게 된 계기를 찾아보아요.
- 슈바이처가 아프리카의 사람들을 돌보는 모습을 살펴보며, 의사가 되려면 어떤 자질이 필요한지 생각해 볼까요?

1 나만 행복할 수는 없어

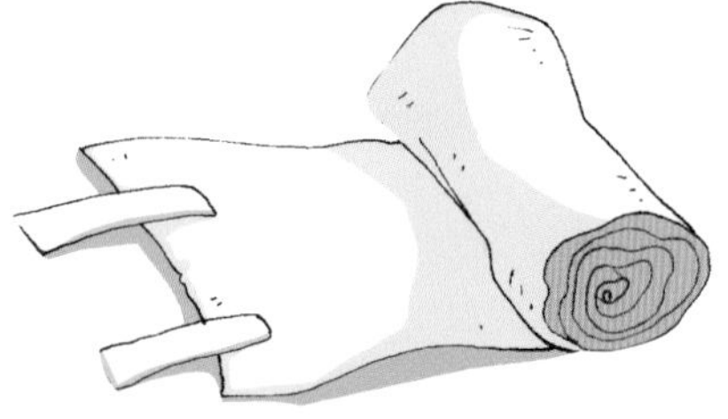

1952년,
파리의 어느 기차역

이 기차가 맞나요?

그래요. 노벨상 시상식에 참석하기로 한 슈바이처 박사님이 탄 기차가 맞소!

특 등
사람들이 몰리기 전에
먼저 올라가서 찍읍시다.

특등실!
어서 특등실로!

어? 슈바이처 박사님이
안 계시잖아?

박사님은 여기에
안 계세요. 3등실에
계십니다.
뭐라고요?

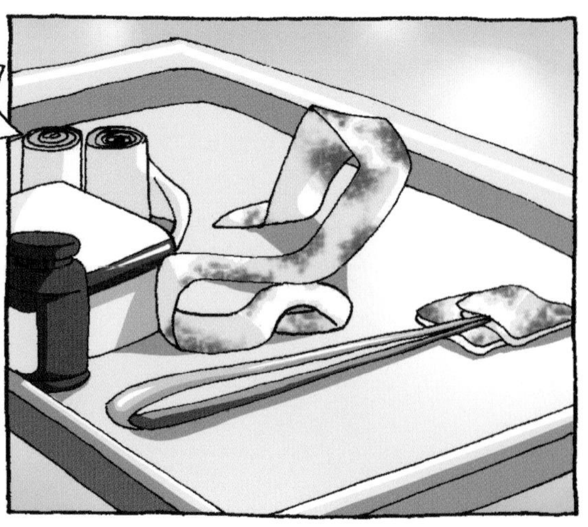

이제 물에 닿지 않게 조심하면
금방 나을 거예요.
감사합니다,
선생님.

박사님,
왜 여기에
계세요?
3등실은 불편하고
좁은데…….

이제 그만 특등실로
가시는 게 어떨까요?
박사님을 위해 특별히 좋은
자리로 준비해 두었습니다.

저는 편한 곳을 찾아다니는 사람이 아닙니다. 저는 제 도움을 필요로 하는 사람을 찾아다닙니다. 특등실에 있는 사람 대부분은 지금 당장 저를 필요로 하지 않습니다.
제가 있을 곳은 지금 치료가 필요한 사람들과 함께할 수 있는 이곳입니다.

아프리카의 성자로 불리는 알베르트 슈바이처는 노벨 평화상을 받으러 가는 기차 안에서까지도 불쌍하고 가난한 환자들을 돌보았습니다.
환영합니다

슈바이처는 1875년 독일과 프랑스의 국경 지대에 있는 알자스의
카이저스베르크에서 목사의 큰아들로 태어났습니다.

하지만 몸이 약했던 슈바이처를 위해 가족은 조용한
시골 마을인 귄스바흐로 이사를 갔습니다.

감사합니다,
귄트 씨.
아니에요. 오히려
언제나 우리 마을을 위해
기도해 주시는 목사님께
감사드려요.

그나저나 피아노 소리가
참 듣기 좋네요. 알베르트의
피아노 실력이 나날이
발전하는 것 같아요.

저는 목사님께서
직접 연주하시는 줄
알았어요. 하하하.
자네도 그랬어?
나도 목사님이
치는 줄 알았는데.

칭찬해 주시니 감사합니다.
알베르트가 피아노 치는 것을
좋아하다 보니 실력이
눈에 띄게 향상되는군요.

슈바이처는 다섯 살 때부터 아버지에게서
피아노를 배웠습니다.
가벼운
느낌으로.
네.

피아노를 배울수록 흥미를 느낀 슈바이처는
또래 아이들보다 훨씬 더 피아노를 잘 쳤습니다.

슈바이처는 목사인 아버지 덕에
교회에서 지내는 시간이 많았습니다.

아저씨, 소리가
참 좋아요.

파이프 오르간
소리가 정말
아름다워요.
그렇지? 내 생각엔
파이프 오르간 소리보다 더
아름다운 소리는 이 세상에
없을 것 같구나.
하하하.

알베르트, 요즘에도
피아노 연습 많이 하니?

그럼요. 저는 피아노
칠 때가 가장 즐거워요.
그리고 요즘엔 악보도
많이 보고 있는걸요.

기특하구나.
알베르트, 이제 곧
몇 살이 되지?
아홉 살요.

아홉 살이라…….
좋아! 앞으로는 가끔씩
파이프 오르간을 연주해도 된다.

진짜요? 정말 제가
파이프 오르간을
쳐도 되나요?
물론이지. 너는 재능도
있고, 열정도 있으니
훌륭한 파이프 오르간
연주자가 될 수
있을 거야.

파이프 오르간
연주자요?
칭찬 감사합니다.
고맙긴. 네가 그만큼
피아노 연습을 열심히
한 결과인걸.

교회의 파이프 오르간을 연주하게 된 슈바이처는
평생 취미가 될 파이프 오르간 연주의 매력에
푹 빠지게 됩니다.

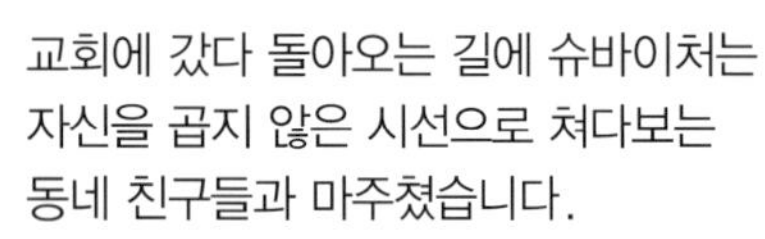
교회에 갔다 돌아오는 길에 슈바이처는 자신을 곱지 않은 시선으로 쳐다보는 동네 친구들과 마주쳤습니다.

어이, 알베르트!
모른 척해도 소용없어.
갑자기 왜 그래?

너 아까 내 신발 보고 비웃었지?

맞아! 나도 알베르트가 게오르크를 비웃는 거 다 봤어.

무슨 소리야! 난 비웃은 적 없어.

발뺌해도 소용없어!

아악! 왜 그래,
게오르크!

게오르크,
본때를 보여 줘!
고소하다.
잘난 체하는 재수 없는
알베르트 녀석!

막무가내로 덤비는 게오르크를 상대로
슈바이처는 자신도 모르게
온 힘을 다해 싸우고 말았습니다.

어? 어떻게 된 거지?
게오르크가 당연히
이길 줄 알았는데!

게오르크,
난 그런 적 없다는데
왜 그러는 거야!

게오르크,
괜찮아?
헉…….
저리 안 비켜?

어서 사과해!

게오르크…….
하, 할게,
사과…….

자, 이제 그만 일어나자.

우리 동네에서 네가 싸움을
제일 잘한다더니 생각보다
힘이 금방 빠지네?

탁

흥! 나도 목사님 아들인
너처럼 일주일에 두세 번씩
고기 수프를 먹었다면 너에게
지지 않았을 거야!

잠깐만!
얘들아,
저게 무슨 말이야?
방금 게오르크가 뭐라고
한 거야?
우리가 너를
안 좋아하는 이유를
정말 몰라?
얘 정말 모르나 봐!

우리는 낡아서 너덜너덜한 신발을 신고 다니는데 너는 늘 깨끗하고 튼튼한 신발을 신고 다니잖아!

뭐?
맞아. 넌 고기도 자주 먹고, 옷도 좋은 것만 입고 말이지!
쳇, 그만하고 가자.

얘들아…….

게오르크와 싸운 뒤 아이들에게서 들은 이야기는 어린 슈바이처에게 매우 충격적이었습니다.

내가 자기들보다 잘 먹고, 잘 입고 다니는 특별한 애라고 생각해서 나를 못살게 굴었던 거야?

모두 나와 같은 줄 알았는데 그게 아니었어. 부유하지는 못하더라도, 나는 먹고 싶은 걸 먹지 못한다는 건 생각해 본 적이 없는데.

나는 친구들보다 좋은 옷을 입고 맛있는 음식을 먹었던 거야.

그런 걸로 다르게 보이고 싶진 않은데…….

그날 이후 고기 수프는 슈바이처에게 먹고 싶지 않은 음식이 되었습니다. 식탁에 고기 수프가 올라올 때마다 게오르크가 눈물을 글썽이며 했던 이야기가 떠올랐기 때문입니다.
게오르크…….

오늘도
고기 수프를
안 먹을 거니?

네. 하지만 고기 수프 말고
다른 음식들은 가리지
않고 다 먹을게요.

오빠가 안 먹으면
내가 다 먹어야지!

알베르트,
또 고기 수프를
안 먹겠다고 고집부리고
있니?

아, 아버지!
예전에는 잘 먹던
고기 수프를 왜 갑자기
안 먹겠다는 건지 모르겠구나.
너도 엄마가 정성껏 만든
음식이라는 건 알잖아.

죄송해요. 하지만 이제
고기 수프가 먹기
싫어졌어요.

흠, 네 생각이 그렇다면
어쩔 수 없구나.

정말 죄송해요,
엄마.

대신 다른 음식들은 모두
남김없이 다 먹어야 한다.
네! 그건
걱정 마세요.

슈바이처는 고기 수프를 먹지 않는 이유를
아무에게도 말하지 않고 끝까지 그 결심을
지켜 나갔습니다.

알베르트,
우리랑 놀자!
오늘은 피아노
연습 안 해?
안녕,
얘들아!

엄마, 저 좀 놀다
들어가도 돼요?
그러렴. 너무
늦게 들어오진
말아라.

네!

분수대에 고드름
깨러 갈까?
그러자!
재미있겠다.

그런데 너 어제 그렇게 혼났으면서 또 그 코트 입었네?
응…….

그게 무슨 말이야?
어제 목사님 댁에 심부름 갔다 알베르트가 혼나는 걸 봤거든.

야, 그런 이야기는 왜 해.
알베르트는 말썽도 안 부리는데 왜 혼났지?

사실 슈바이처가 추운 날씨에도 낡은 코트만 입고 다녔던 건 마을 아이들 때문이었습니다.
알베르트!

따뜻한 코트가 있는데 왜 안 입겠다는 거니? 그런 얇은 코트만 입고 다니다가 감기에 걸리면 어쩌려고…….
전 끄떡없어요, 엄마.

알베르트는 왜 항상 낡은 옷만 입으려고 하는 거지…….

너는 목사님
아들이라 항상 단정하게
입고 다녀야 한다고 하지
않았니?
네, 알고 있어요.

하지만 아이들과 놀 때는 낡은
코트가 더 편해요. 그 대신
교회에 갈 때는 새로 사 주신
코트를 입을게요.

신발도 불편한
가죽 신발보다 이 낡은
신발이 훨씬 좋아요!
하여간 고집은…….
이렇게 입고 놀다가 감기에
걸리면 혼날 줄 알아!

이렇게
혼나더라니까!

알베르트, 새 옷이
마음에 안 들었어?
나 같으면 당장 새 옷
입고 새 신발 신고
나왔을 텐데.

새 옷은 놀기에 불편해서
말이지. 나는 낡은 옷이
훨씬 편해.

하여튼
고집쟁이라니깐.
하하.

이때부터 슈바이처는 친구들이 느끼는 가난의 고통을
함께 나누면서 행복을 느꼈습니다.

그 때문에 부모님께 혼이 나기도 했지만 한번
결심한 생각은 절대 굽히지 않았습니다.

그러나 교회에
갈 때만큼은 부모님이
바라는 대로 단정하게
옷을 입었습니다.

또한 교회에 가서도 친구들의 행복을 바라는
기도를 빼놓지 않았습니다.
가난 속에서 힘들어하는
제 친구들이 행복해질
수 있도록 도와주세요!

통합 지식+ 1

알베르트 슈바이처의 성공 열쇠

알베르트 슈바이처는 아프리카 원주민을 돌보는 일에 헌신한 의사입니다. © Das Bundesarchiv

'아프리카의 성자'로 불리는 알베르트 슈바이처 (1875~1965년)는 평생 아프리카의 원주민을 보살피고, 그들에게 희망을 준 위대한 사람입니다.
아프리카는 뜨거운 태양과 사나운 맹수, 독벌레들이 우글거리는 정글이었지만, 슈바이처는 그런 것에 굴하지 않고 병원 진료소와 입원실 등을 만들어나갔고, 인류에 대한 사랑과 봉사의 정신을 꽃피웠습니다. 이러한 슈바이처의 삶은 시대가 변했어도 여전히 많은 사람에게 감동을 줍니다.
그럼 슈바이처의 성공 열쇠가 무엇이었는지 알아볼까요?

하나 생명이 있는 모든 것에 대한 존중

슈바이처는 어릴 때부터 생명이 있는 것들에 대한 생각이 남달랐습니다. 목사인 아버지의 영향을 받아 항상 살아 있는 모든 것을 아끼고 보호했습니다. 어릴 때 친구와 새를 잡으러 갔다가 새를 살려 보내기도 했고, 말을 빨리 달리게 하려고 채찍을 휘두르고 난 뒤 자신의 행동 때문에 말에 상처가 난 것을 보고 죄책감을 느낀 적도 있어요.
슈바이처의 이런 마음은 어른이 되어서도 똑같았습니다. 그는 생명을 소중히 여기는 자신의 이런 생각을 생명 외경 사상으로 발전시켰습니다. "모든 생명은 그 자체로 존중받아야 하지만 불가피하게 생명을 해쳐야 할 때는 생명에 서열을 매기되 희생된 생명에 대한 도덕적 책임감을 느껴야 한다."라고 주장했지요. 이런 슈바이처의 사상은 많은 사람의 삶에 변화를 이끌어 냈고, 지금까지도 우리 모두에게 깊은 감동을 주고 있습니다.

슈바이처가 태어난 카이저스베르크의 집 © Jakob Vetsch

둘 감사하는 마음

슈바이처는 언제나 자기 주변의 사람들에게 감사하는 마음을 가지고 있었습니다. 피아노와 신학 공부에 흥미를 가지게 된 것도 목사인 아버지 덕분이라고 생각했습니다.
또한 중·고등학교 시절 뛰어난 성적을 받았던 것도 선생님의 따뜻한 지도와 자신을 보살펴 준 친척 할아버지, 할머니 덕분임을 잊지 않았습니다. 특히 유명한 파이프 연주가였던 비도르 교수에 대한 감사의 마음은 특별했습니다. 슈바이처는 훌륭한 바흐 연주자가 될 수 있었던 모든 공을 비도르 교수에게 돌렸습니다.
누군가 나를 도와주지 않을 때는 속상하고 원망하는 마음이 들 수도 있지만, 그것보다 나를 도와주고 응원해 주는 누군가가 있음을 기억하고 항상 감사해야 합니다. 이를 기억하고 실천하며 살았던 슈바이처의 태도는 많은 사람이 배워야 할 부분입니다.

슈바이처가 어렸을 때 찍은 가족 사진

who? 지식사전

슈바이처가 태어난 알자스 지방

855년 신성 로마 제국의 일부였던 알자스 지방은 1600년대 초반 독일 내에서 벌어진 30년 전쟁으로 프랑스에 속하게 되었습니다. 그러나 1871년 프로이센과 프랑스의 전쟁에서 프랑스가 패배한 뒤, 프랑크푸르트에서 체결한 조약에 따라 다시 독일 제국의 영토로 합병되었습니다. 슈바이처는 이런 과정 중에 알자스에서 태어났습니다.
제1차 세계 대전 직후에 알자스는 잠시 독립국인 알자스-로렌 독립 공화국으로 존재하다가, 1919년 베르사유 조약에 따라 프랑스 영토로 바뀌었습니다. 이후 독일 나치의 점령 기간 동안 독일에 합병되었다가, 1944년 이후로는 완전한 프랑스의 영토가 되었습니다.
프랑스 작가 알퐁스 도데(1840~1897년)의 《마지막 수업》은 전쟁으로 인해 프랑스어를 배우던 학생들이 독일어를 배워야 하는 이야기를 다루고 있는 소설입니다. 이 소설의 무대가 바로 이 알자스 지방입니다.

프랑스 작가 알퐁스 도데의 소설 《마지막 수업》은 알자스 지방을 배경으로 하고 있습니다.

셋 공감 능력

슈바이처는 타인의 아픔을 자신의 아픔처럼 느끼는 진심 어린 공감 능력이 있었습니다. 어릴 때 슈바이처가 자란 귄스바흐 마을의 동네 친구들은 대부분 가난했습니다. 그래서 목사의 아들이었던 자신만 맛있는 음식을 배불리 먹고 좋은 옷을 입고 다닌다는 것을 깨달은 순간, 배고프고 불쌍한 친구들 생각에 마음이 무거워 견딜 수가 없었습니다. 예민하고 순수했던 슈바이처는 친구들이 느끼는 것보다 가난의 고통과 슬픔을 더 아프게 느꼈습니다. 그 이후부터 슈바이처는 친구들의 고통을 함께하려고 좋은 음식을 거부하고 낡은 옷을 입으며 친구들과 똑같은 모습으로 생활했습니다. 슈바이처의 이런 공감 능력은 훗날 그가 아프리카에서 의료 봉사를 하는 데 큰 역할을 했습니다.

슈바이처가 어린 시절을 보낸 귄스바흐 © Feba

넷 강한 실행력

슈바이처는 하고자 마음먹은 것은 어떤 힘든 상황에도 꼭 해내는 실행력이 있었습니다. 학창 시절 장학금을 타지 못해 부모님께 부담이 될 것을 걱정한 슈바이처는 성적을 올리기로 굳게 결심하고 공부에 매진했습니다. 결국 슈바이처는 전교 1등을 했고, 장학금을 다시 받게 되었습니다.

그의 이런 성격은 아프리카로 봉사를 떠나는 과정에서도 그대로 나타났습니다. 의사가 되어 아프리카로 떠나기로 결심했을 때 모든 사람이 말렸지만, 그는 결국 의사가 되어 아프리카 원주민을 진료할 수 있었습니다. 또한, 아프리카에서 직접 농장을 만들고 새로 지을 병원의 땅을 개간하기도 했답니다. 이처럼 한번 결심한 것은 반드시 이루어 내는 것이 슈바이처의 큰 장점 중 하나였습니다.

랑바레네의 병원 마당에서 일하고 있는 슈바이처
© The Albert Schweitzer Fellowship

다섯 글과 음악을 가까이 한 취미 생활

슈바이처의 피아노 연주 모습 © AISL

어릴 때 슈바이처는 친구들과 뛰어놀기보다는 책과 음악을 더 좋아했습니다. 특히 피아노 연주에 재능이 있었는데, 그의 피아노 연주는 아프리카에서 봉사 활동을 하는 동안에도 이어졌습니다. 이는 봉사 활동으로 지친 자신에게도 큰 힘이 되었을 뿐만 아니라 많은 원주민의 마음을 어루만져 주었습니다. 또 바흐 연주회로 모금 활동을 해서 병원에 필요한 의약품을 구입하고 사람들의 관심과 후원을 이끌어 내기도 했어요.

또, 슈바이처는 틈날 때마다 책을 보고 글을 썼습니다. 어린 시절부터 독서를 즐겼던 슈바이처는, 책을 통해 지식을 접하며 깊은 생각을 할 수 있는 어른으로 자라났습니다. 식사 시간 전에 신문을 읽는 취미는 세상 여러 곳에서 벌어지는 일들을 알고 세상을 바라보는 시각을 넓혀 주었습니다. 이러한 독서와 글쓰기 습관들이 이어져 《예수 생애 연구사》, 《문화 철학》, 《물과 원시림 사이에서》와 자서전 《나의 생애와 사상》이라는 책들을 남길 수 있었습니다.

who? 지식사전

제1차 세계 대전과 슈바이처

1914년 7월 오스트리아의 세르비아에 대한 선전 포고로 시작된 제1차 세계 대전은 약 4년간 유럽 대부분의 나라를 전쟁의 구렁텅이로 몰아넣고 1918년 11월 독일의 항복으로 끝났습니다. 직접적인 계기는 1914년 6월 28일 사라예보에서 발생한 오스트리아 황태자 암살 사건입니다. 오스트리아, 독일, 이탈리아의 3국 동맹과 영국, 프랑스, 제정 러시아의 3국 협상 사이에 전쟁이 시작되었지만, 이후 여러 나라들이 참전하면서 세계 전쟁으로 확대되었습니다. 제1차 세계 대전은 이전의 전쟁과 달리, 신무기였던 독가스, 전차, 폭격기 등 파괴력이 높은 무기가 도입되면서 그 피해가 엄청났습니다. 슈바이처가 아프리카에서 의료 봉사에 매진할 때, 제1차 세계 대전이 일어났습니다. 슈바이처는 전쟁에 대한 자신의 뜻과는 상관없이, 독일 사람이라는 이유로 프랑스의 포로로 잡히기도 했어요. 때문에 진료를 잠시 멈춰야 한 적도 있었습니다.

2 생명을 소중히 여기는 소년

너 또 피아노 악보
보느라 정신이 없구나!
앗, 미안!

역시 오늘도
바흐의 곡이네.
넌 피아노 치는 게 그렇게
좋아? 난 아무리 해도
실력이 안 늘어서 재미없던데.

난 피아노를
칠 때가 제일 즐거워.

그럼 두 번째는?
두 번째는
책 읽을 때!

역시! 그렇게
대답할 줄 알았어.
너답다!

알베르트,
어서 나와!

아차차,
깜빡했다.

빨리 안 나오면
우리 먼저 간다!
금방 나갈게!

누나, 나 나갔다 올게.
하인리히랑 숲에서
할 일이 있거든.
할 일? 무슨……?

슈바이처는 친구들과 숲에 가서 놀 때가 많았습니다.

드디어 완성이다!
탕!

어때?
와, 너 새총도 잘 만들고 맞히기도 잘하는구나!

우리 마을에서 피아노는 네가 제일 잘 칠지 몰라도 새총 쏘기만큼은 내가 일등일걸?
맞아, 그건 나도 인정해!

새총 잘 쏘고 싶으면 나한테 배워. 넌 내가 특별히 가르쳐 줄게.

고맙지만 괜찮아. 난 새총 쏘기보다 피아노 치는 게 더 좋거든.
그렇게 대답할 줄 알았어. 하지만 나는 이렇게 숲에서 노는 게 제일 좋아!

네 것도 하나
완성했으니까 이제
새를 잡으러 가자!

어? 하나는
내 거야?
당연하지. 안 그러면
뭣하러 두 개를 만들어?

난 필요
없는데…….

쉿!

조심해!

새들이 우리를
발견하자마자 날아가
버릴지도 모르니깐.
응, 그런데 새가
어디에 있어?

저기 있잖아,
저기!

며칠 전부터
봐 뒀어. 저 새가
둥지 쪽으로 내려올
때를 노려서 동시에
쏘는 거야.

뭐? 둥지 안에 새끼들도
있는 것 같은데
맞히겠다고?
당연하지!

저 어미 새를 잡으면
새끼들은 금방 굶어 죽을 텐데…….
그럼 어미 새도
새끼 새도 모두 불쌍해.

차라리 내가
빗나가게 쏘면
괜찮지 않을까?

드디어 내려온다.
준비해!

그런데 내가 빗나가게
쏴도 하인리히가 맞히면
소용없잖아.

그렇다고
쏘지 말자고 하면 또 나 혼자
유별나다고 생각하는 거
아닐까? 어쩌지?

뭐 해, 준비 안 하고!

으응. 근데 우리
새 맞추기 말고
다른 걸…….
쉿! 조용히 해.
떠들어서 새가 날아가면
안 되잖아.

다섯부터 셀 테니까 동시에
쏘는 거다! 알았지?
다섯, 넷…….
응…….

셋, 둘…….

어떻게 하지?

그때였습니다. 슈바이처는 갑자기 들려온
종소리에 정신이 번쩍 들었습니다.
땡
땡
땡

그 종소리는 마치 양심의 소리처럼 마음 깊은 곳에서 울려 퍼졌습니다.
종소리?

내가 지금 무슨 짓을 하려는 거야. 저 어미 새를 무조건 살려 줘야지.

훠이 훠이!

알베르트!
너 지금 뭐 하는 거야!

너 때문에 다
잡은 새를 놓쳐
버렸잖아!

미안해. 하지만 새들이
불쌍하잖아. 저 새들도
생명이 있는 건데…….
뭐라고?

새끼를 돌보는 저 어미
새를 살려 준 건 틀림없이
옳은 일을 한 거야.
에잇! 너랑 다시는
새총 쏘기 안 할 테다!

앞으로도
내가 옳다고 생각하는
일에는 망설이지 말고
용기를 내야지.

나중에 어른이 되어서도 교회의 종소리가 울려
퍼질 때면 슈바이처는 이날 일을 떠올리며 마음속
깊은 곳의 소리를 들으려 했습니다.

아앗!

어이쿠! 큰일 날 뻔 했네. 알베르트 아니니?
아저씨, 안녕하세요.

어디 가는 길이니?
심부름 갔다가 집에 돌아가는 길이에요.

같은 방향인데 잘되었구나. 여기 타거라. 내가 데려다주마.
감사합니다.

안 그래도 다리 아팠는데.

아저씨, 제가 말을 몰아 봐도 돼요?
응?

네가 말을? 몰아 본 적이 있니?
그럼요. 몇 번 해 봤어요.

그렇다면 네가 얼마나
훌륭한 마부인지
아저씨가 한번 볼까?
와, 신난다.

이랴, 이랴!

더 빨리! 이랴!

오호, 말을 제법
잘 다루는구나.
더 빨리 달리게
할 수도 있어요.

이 아저씨보다도?
그럼요!
한번 보세요.

이랴! 이랴!

권스바흐의 일등 마부
알베르트 슈바이처
나가신다!
와,
너무 신나요!

늘 조용하고 얌전한 줄
알았더니 너에게
이런 모습도 있었구나.
저도 항상 책만 보고
피아노만 치는 건
아닌걸요.

신나게 마차를 끄는 동안
슈바이처는 매우 즐거웠습니다.

알베르트, 네 덕분에
일찍 도착했구나.
수고했다!
저도 즐거웠어요.
제가 도와
드릴 일 없어요?

그럼 저 말 등에 걸친
마구 좀 벗겨 주렴.
네.

마구를 벗기자 드러난 말의 등을 보고
슈바이처는 깜짝 놀랐습니다.

앗!

이, 이건 내가 말을 빨리 달리게 하려고 채찍을 휘둘러서 생긴 상처인가?

왜 그러니?
아, 아저씨…….

제가 말을 빨리 달리게 하려고 채찍질했을 때 왜 아무 말씀 안 하셨어요?

그거야 네가 즐거워하며 말을 몰고 있으니까 그랬지.

그리고 덕분에 빨리 왔잖니.

내가 즐거워하니깐
마구 채찍을 휘둘러도 그냥
내버려 두셨던 거라니…….

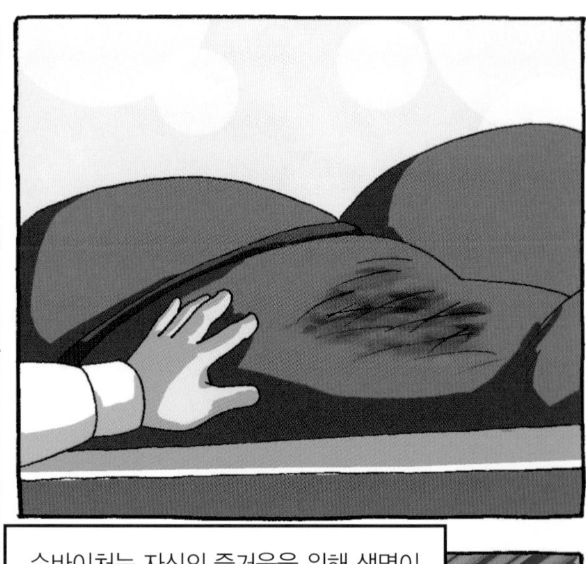

슈바이처는 자신의 즐거움을 위해 생명이
있는 존재를 함부로 다뤘다는 사실에
마음이 아팠습니다.

미, 미안해.
많이 아프지?

말을 빨리 달리게
할 수 있다는 걸 자랑하고
싶은 마음 때문에 널
아프게 했구나.

동물도 사람처럼 아픔을
느낄 수 있다는 걸 잊었어.
아프게 해서 정말 미안해.

허허,
그러려무나.
아저씨, 당분간 제가
이 말을 보살펴도 돼요? 저 때문에
이렇게 다친 것 같아서 다 나을
때까지 보살펴 주고 싶어요.

이날의 경험을 통해 슈바이처는 생명이 있는 존재를 죽이거나
고통스럽게 하는 건 끔찍한 행동이라는 것을 마음속 깊이
되새기게 되었습니다.

통 합

지 식+ 2

알베르트 슈바이처의 관심사

하나 신학

슈바이처가 목회자로 활동했던 스트라스부르의 성 니콜라스 루터 교회 © Hans-Peter Scholz

슈바이처의 아버지는 기독교 교회의 목사였습니다. 그래서 슈바이처는 어릴 때부터 아버지의 예배 모습을 보면서 자연스럽게 신학에 대해 관심을 가지게 되었습니다. 그는 어른이 되면 당연히 목사가 되겠다고 생각했고, 실제로도 한동안 목사로 활동하기도 했어요.

슈바이처의 아버지는 예배 때 아프리카 사람들의 비참한 삶에 대해서 자주 설교했습니다. 이러한 성장 환경은 슈바이처가 후에 아프리카에서 의료 봉사를 하는 데 중요한 밑거름이 되었습니다.

슈바이처는 1898년에 견습 목사가 되었으며, 1900년에는 〈최후의 만찬에 대하여〉라는 논문으로 신학 박사 학위를 받았습니다. 또한 1902년 모교인 스트라스부르 대학 신학부 강사가 되어 학생들을 가르쳤는데, 슈바이처가 성 니콜라스 루터 교회의 부목사로 목회할 당시 학생들과 자유롭게 토론했던 방식이 당시에는 놀라운 일이었다고 합니다.

who? 지식사전

토마스 아퀴나스는 대표적인 기독교 신학자입니다.

신학이란?

신학은 신을 연구하는 학문이며, 대개는 기독교 교리를 연구하는 것을 말합니다. 기독교가 지배하던 중세 유럽에서 주로 성경에 대한 연구, 성경의 해석, 금욕주의 등을 중심으로 가르치면서 하나의 학문으로 자리 잡았어요. 요즘에는 목사나 신부 등 성직에 종사하는 사람들이 필수적으로 해야 하는 학문으로 여겨집니다. 신학의 세 가지 중요한 역할은 첫째, 성경의 정확한 해석, 둘째, 선교 활동을 위해 필요한 성경의 해석, 셋째, 기독교 속 다른 이단 종파에 대한 대항입니다. 대표적인 신학자로는 1200년대에 이탈리아를 중심으로 활동했던 토마스 아퀴나스(1225~1274년)가 있습니다.

둘 철학

슈바이처는 대학 시절 신학과 철학에도 관심이 많았습니다. 군인으로 복무하면서도 훈련이 없는 날이면 학교에 나와 철학 수업을 들을 정도였습니다.

아프리카 봉사 활동 중에도 세상을 제대로 이해하기 위한 새로운 철학에 대해 항상 고민했어요. 그런 와중에 제1차 세계 대전을 겪으면서 새로운 철학을 발견하고자 하는 마음은 더욱 절박해졌습니다. 슈바이처는 '사람들이 올바르게 생각하게 해 줄 수 있는 새로운 사상은 무엇일까? 무엇이 올바른 생각의 기준이 될 수 있을까?' 하고 매일 생각했습니다. 그리고 비로소 깨달은 것이 바로 '생명 외경 사상'입니다. 이것은 자서전인 《나의 생애와 사상》에 기록되어 있습니다.

그때까지 슈바이처가 알고 있던 윤리는 '인간에 대한 인간의 태도'를 문제 삼았는데, 그는 그것이 잘못된 생각이라는 결론에 도달했습니다. 슈바이처는 자신의 생명을 소중하게 생각하는 인간은 다른 모든 생명체에 대해서도 그와 똑같은 책임감을 느끼고 소중하게 여겨야 한다고 생각했습니다.

"인간이든, 동물이든, 식물이든 모든 생명을 신성하게 생각하고 어려움에 빠진 생명을 헌신적으로 도와줄 때만 인간은 윤리적일 수 있다. 참된 사랑이란 생명을 소중히 여기고 그것을 두려워하는 마음이다."

슈바이처가 고민하던 생명 외경 사상은 이렇게 빛을 발하게 됩니다. 어린 시절 차마 새를 잡지 못하고 살려 보냈던, 생명을 아끼는 소년의 마음이 자라 위대한 철학이 된 것입니다. 슈바이처는 자신의 책을 통해 "살아 있는 것은 모두 형제다."라고 외쳤답니다.

슈바이처가 신학 박사 학위를 받은 스트라스부르 대학교 © Jonathan Martz

《예수 생애 연구사》의 영문판 표지. 슈바이처는 신학 연구에도 많은 족적을 남겼습니다.

셋 음악

슈바이처는 다섯 살 때부터 피아노를 배워 일곱 살에는 직접 작곡을 하다가 뮐하우젠 고등학교의 오이겐 뮌히 선생님을 통해서 본격적으로 음악 공부를 시작했습니다. 뮌히 선생님은 성 빌헬름 교회의 파이프 오르간 연주자이자, 자신이 창설한 바흐 합창단의 지휘자였습니다. 뮌히 선생님은 열심히 연습하는 슈바이처를 보고, 그가 성 슈테판 교회의 파이프 오르간으로 연습할 수 있게 도와주었어요. 슈바이처는 이때 처음 파이프 오르간 연주의 경이로움을 접하게 되었습니다.

파이프 오르간을 연주하는 슈바이처
ⓒ The Albert Schweitzer Fellowship

슈바이처가 제작에 관여한 성 토마스 교회의 파이프 오르간 ⓒ Didier B

슈바이처는 우연히 접하게 된 음악 공연을 관람한 후 그 감동에 압도된 나머지 며칠 동안 수업도 제대로 듣지 못할 정도였다고 합니다. 대학생이 되어서도 음악회 공연을 관람하기 위해 며칠 동안 하루 한 끼만을 먹으며 돈을 아껴 공연을 보러 가곤 했습니다. 그만큼 슈바이처의 음악을 향한 열정은 대단했습니다.

이후, 슈바이처가 진정한 연주자로 발돋움할 수 있게 된 것은 프랑스의 뛰어난 오르간 연주자였던 샤를마리 비도르(1844~1937년) 교수를 만나고부터입니다. 비도르 교수는 자신이 몸담은 음악원의 학생 이외에는 절대 제자로 받아들이지 않는 사람이었지만, 단 한 사람의 예외가 바로 슈바이처였습니다. 슈바이처와 비도르 교수 두 사람은 그 후 평생 스승과 제자이자 음악적 동료로 함께했습니다. 슈바이처는 바흐 연구서를 두 권이나 집필했고, 《파이프 오르간의 연주법과 제작법》이라는 책으로 현대 오르간 주법의 변화에도 큰 공헌을 했습니다.

슈바이처의 음악적 스승인 샤를마리 비도르

넷 바흐

요한 세바스찬 바흐

바흐(1685~1750년)는 독일의 작곡가이자 오르간 연주자입니다. 교회 성가대, 오케스트라, 솔로 악기를 위한 종교적이거나 세속적인 작품을 창작하였습니다.
그는 전통적인 독일 음악에 이탈리아나 프랑스의 양식을 융합하여 독자적이고 개성적인 음악을 창조했습니다.
바흐 집안의 음악가들은 대대로 루터 교회의 경건한 신자들이었으며, 이러한 환경은 그가 신앙심을 바탕으로 다수의 종교 음악을 작곡하는 데 영향을 끼쳤습니다.
바흐는 독일어로 실개천이라는 뜻이어서 베토벤은 바흐를 가리켜 "그는 실개천이 아니라 대해(大海)이다."라고 격찬하기도 했답니다.
만약 지금까지의 서양 음악이 전부 소멸되고 바흐의 《평균율 클라비어 곡집》 두 권만 남는다면 그것을 기초로 서양 음악을 재건할 수 있다는 말이 있을 정도로 바흐의 음악은 음악사에서 중요한 위치에 있습니다.

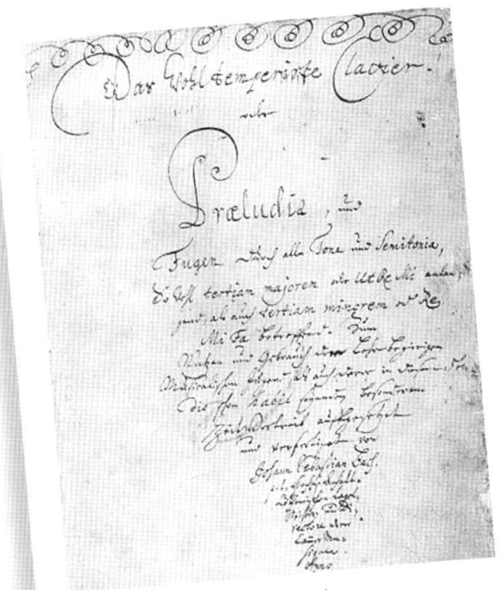

Das Wohltemperirte Clavier.

Præludia,

《평균율 클라비어 곡집》 속표지

who? 지식사전

파이프 오르간

파이프 오르간은 여러 길이의 관을 음계적으로 배열하고 이에 바람을 보내어 소리를 내는 건반 악기입니다. 구조는 발음부, 스톱, 송풍부, 조작부로 나뉘며 긴 파이프일수록 낮은음을 냅니다. 악기의 규모에 따라 사용되는 파이프의 수가 다른데, 큰 것은 수천에서 1만 개 이상이 쓰이기도 합니다. 또 관의 재질이나 설치되어 있는 건축물의 종류, 용도에 따라 다양한 종류로 구분됩니다. 현재 세계에서 가장 큰 파이프 오르간이 있는 곳은 미국 필라델피아의 메이시 백화점이에요. 이곳의 파이프 오르간은 연주대 무게만 2.5톤이고 전체 오르간의 무게는 무려 287톤에 달한다고 합니다.

파리 생 제르맹 록세루아 교회에 있는 파이프 오르간

3 흑인들의 이야기를 접하다

*대모: 종교상의 여자 후견인

콜마르 입구에는 유명한 조각상이 하나 있었습니다. 그 조각상은 늘 보았던 것이지만 이날은 또 다른 조각상이 슈바이처의 눈에 들어왔습니다.

*크림 전쟁: 1853년 제정 러시아가 흑해로 진출하기 위해 터키, 영국, 프랑스 등과 벌인 전쟁

아니요, 그 조각상 말고요.
저 밑에 있는 거요.
어딘가 우리와 다르게
생긴 것 같아요.

아, 흑인을 조각한
석상을 말하는
거로구나.
흑인요?

흑인들은 왜 우리와 다른
모습을 하고 있어요?
그들이 뭔가를 잘못했나요?
하하, 아니야.
잘못한 게 있어서
그런 게 아니란다.

세상에는 다양한 사람들이 있단다. 우리처럼 피부가
하얀 사람도 있고, 흑인들처럼 피부가 검은 사람도
있어. 다만 우리와 같은 곳에 살지 않아서 볼 기회가
없었기 때문에 낯설어 보이는 거야.

피부색은 다를지 몰라도 모두 똑같은 사람이야.
그런데 똑같은 사람이라고는 하지만 표정이 슬퍼 보여요.

왜 저렇게 슬픈 표정을 짓고 있는 걸까?

슈바이처는 콜마르에서 본 흑인 조각상의 슬픈 표정을 잊을 수가 없었습니다.

그러던 어느 날, 그 조각상의 표정이 슬픈 이유를 알게 되었습니다.

목사인 아버지께서 주일 예배 때 하신 설교를 통해서였습니다.

여러분,
《추억의 글》이라는
이 책에는…….

아프리카에서 흑인들에게
전도를 하고 있는 선교사가
쓴 글이 실려 있습니다.
흑인 이야기라고?

부끄럽지만 우리 백인들은
아프리카 땅에서 많은 것을
빼앗아 왔습니다.

그중 가장 큰 잘못은 흑인을
노예라는 이름으로 짐승처럼
부렸다는 것입니다.

게다가 아프리카에 사는 흑인
원주민들은 또 다른 커다란
고통을 받고 있습니다.

홍수와 가뭄, 배고픔에 시달리면서,
병에 걸려도 제때 치료받지 못해
많은 아프리카 원주민이
비참하게 죽어 가고 있습니다.
이럴 수가…….

백인들은 아프리카에서
자원과 노동력을 착취했지만
이제는 다른 생각을
할 때입니다.

그들을 위해
무언가를 해야 하지
않겠습니까?

콜마르에서 봤던 흑인 조각상이
슬픈 얼굴을 하고 있었던 이유를
이제야 알 것 같아.

엄마가 하신 말씀처럼 모두 똑같은 사람인데 왜 아프리카에 살고 있는 흑인들은 우리와 다르게 살아야 하는 걸까?

생김새가 다르다는 이유만으로 아무런 잘못도 없는데 그런 고통을 받고 있다니…….

아프리카 흑인 원주민에 대한 설교를 들은 슈바이처는 흑인 조각상의 슬픈 얼굴이 떠올라 마음이 편치 않았습니다.

그 조각상에 대한 기억은 훗날 슈바이처의 인생을 바꾸어 놓았습니다. 또한 슈바이처는 성인이 된 후에 고향을 방문할 때면 늘 그 조각상을 보러 갔습니다.

귄스바흐에서 초등학교를 졸업한 후에 슈바이처는 부모님과 떨어져 친척 할아버지 댁에서 살게 되었습니다.

귄스바흐의 친구들에 비해 이곳 학생들은 훨씬 좋은 옷을 입고, 좋은 음식을 먹는 것 같아. 적어도 가난 때문에 고통 받고 있는 것 같지는 않구나.

시골 목사인 아버지의 수입만으로는 아이들의 학비를 감당할 수 없었기 때문에 슈바이처는 장학금을 타기 위해 열심히 공부해야 했습니다.

알베르트?

알베르트?
내 말 안 들리니?
아, 할머니.

한창 공부하는 중인데 미안하다만 곧 저녁상을 차려야 하니 식탁 좀 비워 주겠니?
벌써 저녁 먹을 시간이군요.

신문 줄까? 넌 식사하기 전에 항상 신문을 보잖니.
괜찮아요. 할아버지께서 다 보신 다음에 볼게요.

신문에서 사진이나 만화만 골라 보는 거 아니니?
하하, 아니에요.

신문을 보면 다른 사람들은 어떻게 사는지 알 수 있거든요.

제가 사는 곳이 아닌 다른 곳에서 무슨 일이 일어나고 있는지도 알 수 있고요.

어릴 때부터 책 보는 걸 좋아하더니 이제는 신문도 즐겨 보고, 다 컸구나!
요즘엔 신문을 보는 게 더 재미있을 때도 있는걸요.

공부에도 많은 도움이 되는 것 같아서 잊지 않고 보려고 해요.

신문을 보면 세상을 보는 시각이 넓어져서 좋지. 난 신문 보는 습관은 좋은 거라고 생각한다.

그래, 열심히 보거라.
네, 할아버지.

할아버지 댁에서 학교를 다니던 어느 날,
아버지께서 학교에 찾아오셨습니다.

알베르트!

아빠, 여기까지
웬일이세요?

우리 아들이 보고 싶어서
왔지. 잘 지냈니?

오래간만에 우리
산책할까?
네,
좋아요.

아버지가 학교에 온 이유는 알베르트의 성적이 더 이상 오르지 않아
장학금을 받을 수 없게 되었다는 걸 알려 주기 위해서였습니다.

알베르트, 네가 열심히
하고 있는 건 알고 있지만
학교 측의 입장이 그러니
나도 무척 안타깝구나.
네…….

여기 오기 전에 라틴어를
배우지 못하고 온 게 네겐
큰 어려움이었나보구나.
아, 네.

내가 더 신경 써 주지
못해 미안하다.
아니에요, 아빠.
제가 죄송해요.

그 대신 더 열심히
할게요.

그래서 꼭 다시 장학금을
받을게요.
그래. 이런 일로 기가
죽으면 내 아들이 아니지.
다음 학기엔 장학금을
받을 수 있을 거다!

아버지를 만난 뒤에 슈바이처는 피아노 연습 못지 않게 학업에 집중하기 시작했습니다.

음…….

달리기 시합 어때?
잠깐 바람 쐬고 해!

미안해. 아직 공부할 게 남아서 힘들 것 같아. 대신 다음 시합 때 꼭 넣어 줘!

그럼 어쩔 수 없지. 다음엔 꼭 하기다!

그래, 미안해!

바로 저 아이가
알베르트 슈바이처구나.

부모님 곁을 떠나 혼자
공부하면서도 투정이나
힘든 기색 없이 최선을
다한다더니, 듣던 대로
성실한 것 같군.

때마침 새로 부임해 온 베만 선생님은 혼자서도 흔들리지 않고
착실하게 공부하는 슈바이처를 기특하게 여겼습니다. 그래서
각별한 애정을 가지고 슈바이처를 지켜보았습니다.
그렇다면 나도 좀 더
신경 써 줘야겠어.

그렇게 한 학기가 지나고 그동안의 성적을 확인하게 되었습니다.

자, 이번 시험 결과를 발표하겠습니다.

저는 몇 등입니까?

너는 뒤에서 세는 게 더 빠르겠다!
와하하

이번 우리 반 일등은 전교에서도 일등을 했어요. 그 사람은 바로…….

알베르트 슈바이처!

할아버지,
할머니!

아이고 깜짝이야.
무슨 일 생겼니?
무슨 일이니?

제가 1등을
했어요!
네가 1등을?

전교에서도
1등이라니,
기특하구나.
네가 정말
자랑스럽다.

할아버지, 할머니께서
잘 보살펴 주신 덕분인걸요.
제가 더 감사해요.
앞으로 더 잘할게요.
이렇게 할아버지 댁에서의 학창 시절도
지나가고 있었습니다.

통합 지식+ 3

생명과 평화를 위해 애쓴 사람들

하나 성직자

마더 테레사

테레사 수녀는 가난하고 병든 인도 사람을 위해 헌신했습니다. © Túrelio

테레사 수녀(1910~1997년)는 로마 가톨릭교회 수녀로, 1928년 인도로 이주한 이후 1950년에 인도 콜카타에서 '사랑의 선교회'를 설립했습니다. 1952년에는 콜카타 시청에서 제공한 건물을 병들어 죽어 가는 사람들을 돌보기 위한 공간으로 개설해 운영했고, 1955년에는 '때 묻지 않은 어린이들의 집'이란 이름의 어린이 보호 시설을 만들어 고아와 버려진 어린이들을 보살폈습니다. 또한 1968년에는 나병 환자 공동체인 '평화의 마을'을 개설, 1975년에는 회복이 가능한 장기 입원 환자들을 위한 '사랑의 선물'이라는 요양소도 개설했습니다. 이렇게 45년간 빈민과 병자, 고아 그리고 죽어 가는 이들을 위해 헌신한 테레사 수녀는 1979년 그 공로를 인정받아 노벨 평화상을 받았습니다.

아베 피에르 신부는 빈민과 노숙자를 돕는 운동을 주도했습니다. © Studio Harcourt

아베 피에르

프랑스 인들이 가장 존경하는 사람 중 한 명인 아베 피에르(1912~2007년) 신부는 제2차 세계 대전 당시 독일 나치에 핍박받는 유대인들을 숨겨 준 사람으로 유명합니다. 전쟁이 끝난 뒤에는 성직자로서는 드물게 국회 의원이 됐으며, 집이 없어 갈 곳이 없는 사람들을 위해 집 짓는 일을 시작했습니다. 그는 '엠마우스 공동체'라고 직접 이름 붙인 이 집에 국회 의원으로 일해 받은 모든 돈을 쏟아부었으며, 국회 의원을 그만둔 이후에는 사회 지도층 인사들을 설득해 공동체의 기금을 만들어 갔습니다. 엠마우스 공동체는 프랑스뿐 아니라 전 세계의 가난한 이들에게 집을 지어 주고, 새로운 가정과 공동체를 만들어 주는 일을 하고 있습니다.

둘 비폭력주의자

마틴 루서 킹

마틴 루서 킹(1929~1968년)은 미국의 목사로 흑인 차별 철폐 운동에 앞장섰습니다. 일찍이 간디의 사상에 감명받은 그는 비폭력 무저항주의 사상을 군중에게 호소함으로써 흑인 인권 운동의 상징적 인물이 되었습니다. 인종 화합을 위한 인권 운동으로 30여 차례나 체포되었지만 비폭력 무저항 운동에 대한 그의 신념에는 변함이 없었습니다. 또한 반전 운동에 참여하여 미국의 제국주의적 전쟁에 반대했어요. 그는 백인 주류 세력으로부터 소외당하기도 했으나, 자신의 비폭력 무저항주의를 포기하지 않고 실천했습니다.

마틴 루서 킹 목사는 흑인 차별 철폐에 앞장섰습니다.

마하트마 간디

간디(1869~1948년)는 인도 건국의 아버지로 불립니다. 인도에서 태어나 영국에서 유학했고, 변호사가 되어 남아프리카로 건너갔습니다. 그는 그곳에서 벌어지는 인도인에 대한 인종 차별에 충격을 받아 차별 반대 운동을 펼치기 시작했어요. 인도로 귀국한 뒤에는 비폭력 저항 운동을 전개하며 영국의 식민지였던 인도의 독립 운동을 시작했습니다. 간디의 비폭력 저항 운동의 정신은 인도 독립뿐 아니라, 세계적으로 큰 영향을 미쳤습니다.

마하트마 간디의 비폭력 저항 운동은 인도를 비롯한 전 세계에 큰 영향을 미쳤습니다.

who? 지식사전

인도주의

인종이나 국적, 종교가 달라도, 인간으로서의 권리와 존엄을 우선으로 생각하는 이들의 태도를 뭐라고 부를까요? 인도주의는 이렇게 모든 인간은 동등한 자격을 가지고 있다는 생각에서 시작하여, 인류의 공존을 꾀하고 복지를 실현시키려는 박애 사상이나 태도를 말합니다. 인도주의는 대개 사회적 약자와 힘들고 가난한 사람에게 구원의 손길을 내미는 운동으로 나타납니다.

셋 동물 권리 운동가

헨리 솔트는 동물의 권리를 찾는 운동을 시작했습니다.

헨리 솔트

영국의 학자 헨리 솔트(1851~1939년)는 동물의 권리 운동을 주장한 최초의 인물입니다. 솔트는 서른세 살 때 미국의 사상가 헨리 데이비드 소로의 사상에 감명받아 시골로 내려가 살면서 자신의 생각을 정리하게 되었습니다. 그곳에서 솔트는 고도의 문명화된 사회에서는 두 가지 만행, 즉 동물에 대한 폭력과 인간에 대한 폭력이 행해지고 있다고 결론을 내렸어요.

"우리는 동물에게 잔인한 행위를 하는 것을 아무렇지도 않게 생각합니다. 하지만 그것이 바로 인간에 대한 잔인한 행위까지도 용납하게 만드는 것입니다." 그는 이런 주장을 알리기 위해 무려 40권에 이르는 저서를 집필했고, 1891년 인도주의 연맹이라는 단체를 설립해 식육용 동물 도살, 잔인한 스포츠를 통한 동물 학대 등을 비판했습니다.

제인 구달은 영국의 동물학자입니다. © Jeekc

제인 구달

영국의 동물학자인 제인 구달(1934년~)은 1960년 탄자니아 곰베에서 야생 침팬지들과 함께 지내며 본격적으로 침팬지를 연구했습니다. 침팬지가 도구를 사용한다는 사실을 발견하여 그동안 인간만이 도구를 사용한다는 학설을 뒤집어 세계를 놀라게 했지요. 또한, 침팬지가 가족 간의 유대감이 깊고 사회 생활을 한다는 사실을 발견하기도 했어요. 1975년에는 전 세계의 동물 연구를 후원하기 위해 '야생 동물 연구, 교육, 보호를 위한 제인 구달 연구소'를 설립했습니다. 그녀는 40년이 넘는 기간을 침팬지와 함께한 세계적인 침팬지 연구의 권위자입니다.

넷 국내 인물

장기려

장기려(1911~1995년)는 의료 활동과 사회봉사 활동을 펼친 의사입니다. 1951년 부산에 복음 병원을 세워 돈도, 머물 곳도 없는 병자들을 치료했으며, 1968년에는 우리나라 최초의 의료 보험 조합인 '청십자 의료 보험 조합'을 설립하고 운영했습니다. 그는 의사가 된 동기를 '의사를 한 번도 못 보고 죽어 가는 가난한 사람들을 위해 뒷산 바윗돌처럼 항상 서 있는 의사가 되기 위해서'라고 밝힌 바 있답니다.

장기려는 가난한 사람들을 위해 일생을 바친 의사입니다.

이태석

이태석(1962~2010년) 신부는 의대를 졸업한 뒤, 2001년 가톨릭교회의 신부가 되어 아프리카 수단 남부 톤즈로 향했습니다. 그곳은 아프리카에서도 가장 오지로, 오랜 내전으로 폐허가 된 지역이었습니다. 그는 이곳에서 가톨릭 선교 활동을 하는 한편, 말라리아와 콜레라로 죽어 가는 주민들과 나병 환자들을 치료했지요. 여러 곳에 우물을 파서 식수난을 해결했으며, 학교를 세워 원주민 계몽에도 앞장서 '한국의 슈바이처'로 불렸습니다.

이태석 신부는 아프리카 오지에서 원주민을 돌보아 '한국의 슈바이처'로 불렸습니다.

who? 지식사전

인권 운동

인권은 인간으로서 당연히 가져야 할 권리를 말하는데, 인권 문제와 관련된 비정부적 사회 운동을 인권 운동이라고 합니다. 인권 운동은 개인적인 차원에서 행해지기도 하고, 단체를 통해서 행해지기도 합니다. 참여 연대, 언론 인권 센터, 인권 실천 시민 연대, 국제 앰네스티 등이 대표적인 인권 운동 단체들입니다.

국제 앰네스티 로고

4 남을 위해 살아가는 삶

신학

1893년 스트라스부르 대학에 입학한 슈바이처는 아버지의 영향으로 자연스럽게 신학과 철학을 전공으로 선택했습니다.

너도 네 아버지처럼 많은 사람에게 감동을 주는 설교를 할 수 있을 것 같아.
맞아, 알베르트에겐 목사나 신학자가 딱이야!

그래? 너희가 그렇게 생각한다면 나는 전공을 잘 선택했구나.

또한 파이프 오르간 연주의 거장인 비도르 교수가 슈바이처의
음악적 재능을 알아보고 제자로 받아 주기도 했습니다.
요즘 새삼 느끼지만 목사인 아버지가 계시고, 어릴 때부터 피아노를 접할 수 있었던 나는 정말 행복한 사람이구나.
알베르트는 바흐 곡에 있어서 정말 훌륭한 연주자 같아요. 그렇죠, 교수님?
맞아. 자네는 바흐 연주의 거장이 될 가능성이 보이니 더 열심히 해 보게.
감사합니다.
만약 자네를 다른 분야로 뺏긴다면 무척이나 아쉬울 것 같은데, 앞으로 무엇을 할지 생각해 둔 게 있나?
아직 결정된 건 없지만 음악과 학문에 이바지하고 싶습니다.

1896년, 슈바이처가 스물한 살이 되던 해였습니다.
신학과 철학, 음악에만 전념하던 슈바이처의
인생을 바꾸는 일생일대의 사건이 생기게 됩니다.

귄스바흐 집으로 돌아와 쉬던 어느 날.
잘 잤다.

오랜만에 집에 오니까
정말 기분 좋다!

내가 좋아하는 책과
세상에 하나뿐인 내 피아노.
난 정말 행복한 사람이야.

오늘은 뭘 하지?
책을 볼까, 아니면 교회에
가서 파이프 오르간을
연주할까?

오랜만에 친구들을
만나서 콜마르까지
산책을 갈까…….

그 순간 슈바이처는 어릴 때 함께 자랐던 동네 친구들의 가난했던 모습과
도시에서 보았던 불쌍한 사람들의 모습이 떠올랐습니다.
나는 도시에서 대학을
다니고 있지만 이곳 귄스바흐 친구들
중에는 돈이 없어서 결국 학교를 그만둔
친구도 있다던데. 그 친구들은 아직도
가난 때문에 고통받고 있는 걸까?

겉으로는 부유해 보이는
도시에도 가난과 차별 속에서
어렵게 사는 사람들이
많아서 놀랐는데…….
수많은 사람이 가난과 고통 속에서
힘들게 살아가고 있는데 나는 공부가
힘들다고 가끔씩 투정이나 부리고 있었다니.
모두 나 자신만을 위한
노력이었으면서 말이야.

앞으로 예술과 학문에 이바지하겠다는
내 생각도 불쌍한 사람들의 삶에
비하면 사치가 아닐까?

이 운명적인 날, 슈바이처는 고요히
깊은 사색에 잠겼습니다.
나만 행복하고
편안한 삶을
누리고 있었던 것은
아닐까?

나는 내가 느끼는 행복을
너무 당연한 듯이
받아들이고 있었어.
이게 옳은 걸까?

나 혼자만 행복한 건
진정으로 행복한 게 아니야.
내가 행복을 누린만큼
무엇인가를 베풀어야 해!

앞으로 어떤 삶을
살아야 할지 알 것 같아.

서른 살까지는
나의 학문과 예술을 위해 살고,
서른 살 이후에는 나보다 불쌍한 사람,
고통 받는 사람들을 위해 살자.

이 결정은 결코 충동적인 것이 아니야.
어쩌면 어린 시절 게오르크와의 싸움을 계기로
느꼈던 내 마음 깊은 곳의 소리를 이제야
따르게 된 것일지도 몰라.

서른 살 이후부터는 다른 사람에게
봉사하는 삶을 살기로 한 이날의
결심으로 슈바이처는 삶의 목표와
방향을 바꾸게 되었습니다.

인류에 봉사하는 삶을 살기로 한 슈바이처에게 자신만을 위해 사용할 시간은 많지 않았습니다.

알베르트, 또 어딜 급하게 가는 거야? 한 시간만 축구하고 가!

다른 할 일이 있어서, 미안해.

난 이제 공부에 더욱 매진해야 할 이유가 생겼어.

앞으로 내가 어떤 식으로 인류에 봉사하게 될지 모르지만 나중에 공부에 대한 미련이 남지 않게 최대한 많이 해 놔야지.

신학과 철학을 동시에 전공했던 슈바이처는 1899년 7월, 스물네 살의 나이로 철학 박사 학위를 받았습니다.

그리고 견습 목사로 일하면서 이듬해인 1900년에는 신학 박사 학위를 받았습니다. 또한 바흐 음악에 관한 연구 논문을 발표하고, 《파이프 오르간의 연주법과 제작법》이라는 책을 써서 사람들을 놀라게 했습니다.

스물일곱 살인 1902년부터는 스트라스부르 대학 신학부의 강사로 근무하며 안락한 생활을 이어 갔습니다.

이제 나 자신만을 위해서 살 시간도 얼마 남지 않았어. 시간을 더 아껴 써야겠다.

이제 우리도 곧
서른 살이 되겠네.

그나저나 날씨가
꽤 쌀쌀해졌구나.

넌 앞으로 탐험가가
될 거라면서 이 정도
날씨에 움츠리면
어떡해!
오늘 몸이
안 좋아서 그래.

알베르트, 넌 앞으로
뭘 할지 확실하게 정했어?
서른 살 이후로는
남을 위해 살기로
결심했잖아.

글쎄……, 매일 생각하고
있는데 구체적인 방법은
아직도 잘 모르겠어.

*사역 활동: 목사나 전도사가 신앙생활을 지도하는 일

슈바이처가 집어 든 책은 아프리카 콩고 지방의
선교 회장 뵈그너가 쓴 책이었습니다.

적도의 뜨거운 태양이 내리쬐는 정글에서
무서운 질병과 맹수 때문에 지금도 많은
원주민이 죽어 가는 땅, 아프리카!
안타깝게도 선교 인원이 부족해서 콩고 북부에
위치한 가봉에서는 선교 활동이 순조롭게
이뤄지지 않고 있습니다.
주님의 부름을 받고 스스로 가겠다고
결심하는 사람이 바로 우리 선교회가
진정으로 원하는 사람입니다.

그 순간 슈바이처의 마음 깊은 곳에서는
어릴 때 들었던 교회의 종소리 같은
울림이 느껴졌습니다.
그에게 콜마르에서 봤던 흑인
조각상이 떠올랐습니다.
그래, 맞아. 콜마르에서
봤던 슬픈 얼굴의 조각상!
그 모습을 잊을 수가 없었어.

수없이 많은 흑인 원주민이 병들어
죽어 가고 있는 아프리카로 가자.
아프리카 원주민들을 위해 봉사하는
삶을 사는 거야.

그런데 그들을 돕는 가장 좋은 방법이 뭐가 있을까?

아프리카인들을 돕자고 설교하는 것도, 해결책을 고민하는 것도, 피아노 연주를 하면서 모금 운동을 하는 것도 직접적으로 돕는 방법은 아닌 것 같아.

그렇다면 병에 걸려 죽어 가는 그들을 도와주는 가장 직접적인 방법은 뭐지?

열악한 환경 속에서 제대로 치료조차 받지 못하는 그들에게 꼭 필요한 건……?

뭐라고?
버도르 교수

아프리카로 떠난다는 말이 사실인가?
네, 교수님.

저희가 아무리 말려도
고집을 꺾지 않아요.
교수님께서 알베르트를
설득해 주세요!
다른 방법으로도
충분히 도울 수 있는데
왜 굳이 아프리카로 직접
가려고 하나?
지금도 아프리카의 원주민들은
병균이 우글대는 밀림 속에서 살아가고
있습니다. 저는 그런 상황에서 안타깝게
죽어 가는 그들을 돕고 싶습니다.

그렇다고 이제 와서 의학 공부를
시작하겠다니. 그동안 쌓아 온
학문적 성과와 안락한 생활을
포기하는 게 아깝지 않은가?

그런 건 전혀 아깝지 않습니다.
저는 오직, 의사도 없고 약조차
구하기 힘든 상황에서 병에 걸리면
죽을 수밖에 없는 아프리카인을
살리고 싶을 뿐입니다.

잘 먹지도 못하고 병에 걸려
뼈만 남은 아프리카인들에게
당장 필요한 건 의사입니다.
하아!

절대 안 된다!

다른 곳도 아니고 아프리카라니.
부모님이 이렇게까지
반대하시는데 꼭
가야겠니?

엄마가 쓰러지실 정도로
큰 충격을 받으셨는데도
거길 가겠다는 거야?

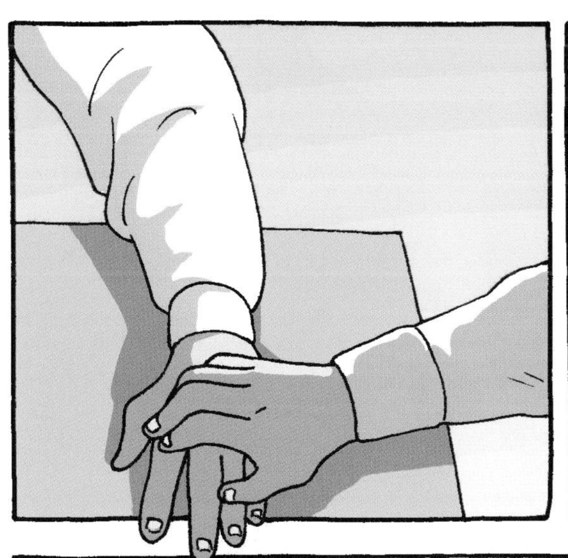

사랑하는 가족의 반대는 슈바이처의 마음을 아프게 했습니다. 하지만 아프리카로 떠나겠다는 결심은 흔들리지 않았습니다.

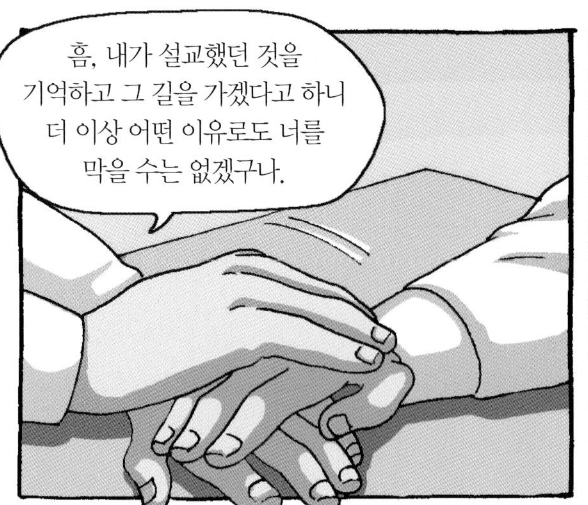
흠, 내가 설교했던 것을 기억하고 그 길을 가겠다고 하니 더 이상 어떤 이유로도 너를 막을 수는 없겠구나.

생각이 그렇게 완고하다면 네 결정을 존중하마.
아버지!

하나님의 보살핌이 늘 너와 함께하길 기도할게.

어머니! 절 이해해 주셔서 감사해요.

옳다고 생각한 일에는 절대 뜻을 굽히지 않았던 슈바이처의 설득에 가족은 결국 허락할 수밖에 없었습니다.

하지만 주변 사람들의 반대를 이겨 낸 뒤에도
슈바이처가 넘어야 할 산이 또 하나 있었습니다.

자네, 지금 제정신인가?
의과대학 학장
펠링

저는 꼭 의사가 되어야 합니다.

아니, 신학부의 강사로 있는 자네가 왜?
이제 와서 다시 의과 학생이 되겠다니 지금 우리를 놀리는 건가?
절대 그런 게 아닙니다.

조금 전 제가 말씀드렸듯이,
저는 아프리카인들에게 봉사하는
삶을 살기 위해 아프리카로 떠나려고 합니다.
그러기 위해선 의사 자격이
꼭 필요합니다.

이봐, 꼭 의사가 아니어도 아프리카
봉사 활동은 할 수 있네.
젊을 때 해도 힘든 의학 공부를
이제 와서 하겠다는 건가?

다른 일을 하면서 의학 공부를
하다 보면 너무 힘들어서 결국엔
포기하게 될 걸세.

교수님, 저는 꼭 의사가
되어야 합니다! 의사로서 그들을
돕는 것이 아프리카인들에게
가장 절실한 도움입니다.
이만 돌아가게!

제발 부탁드립니다.
음, 이거 난처하군.

슈바이처의 강한 의지와 간절한 호소에 결국 의과 대학 교수들은 의대 입학을 허가했습니다.

내가 열심히 하는 만큼 더 빨리 아프리카로 떠날 수 있어. 그러니 공부가 힘들어도 충분히 견딜 수 있어.

의학 공부를 하던 중 슈바이처는 평생을 함께할 헬레네 브레슬라우를 만났습니다.
알베르트!

헬레네!
연주회는 성공적으로 끝났어요?

네, 연주회 수입이 많을수록 아프리카로 갈 때 필요한 의약품을 많이 살 수 있으니 더 분발할 생각이에요.

헬레네는 지금까지 공부하다가 오는 길인가요?
네.

저도 어떻게 하면
불쌍한 사람들을 도울 수
있을까 해서 간호학을
공부했던 건데.

당신을 만나 함께
아프리카로 떠나게
되어서 정말 기뻐요.
나 역시도 당신이
있어 얼마나 든든한지
몰라요.

서로의 공부에 힘이 되던 두 사람은 아프리카로
떠나기 전 많은 사람의 축복 속에 결혼식을
올렸습니다.

그리고 아프리카 의료 봉사의 동료로
서로 평생을 의지하며 함께했습니다.

자네 괜찮나?
네, 괜찮습니다.

의학 공부만 하기에도 바쁠 텐데 요즘 책도 쓰고 연주회도 한다고 들었네.
네.

아프리카에서 필요한 것들을 사는 데 큰 도움이 되거든요.
정말 못 말리겠군, 자네!

마지막 시험도 무사히 통과했으니 남은 과정도 열심히 하길 바라네.

슈바이처는 그렇게 차근차근 아프리카로 떠날 준비를 하고 있었습니다.
이젠 우리 의대 교수들도 모두 자네를 응원하고 있네, 하하!
감사합니다.

통 합
지 식+ 4

아프리카는 어떤 곳?

하나 아프리카의 역사

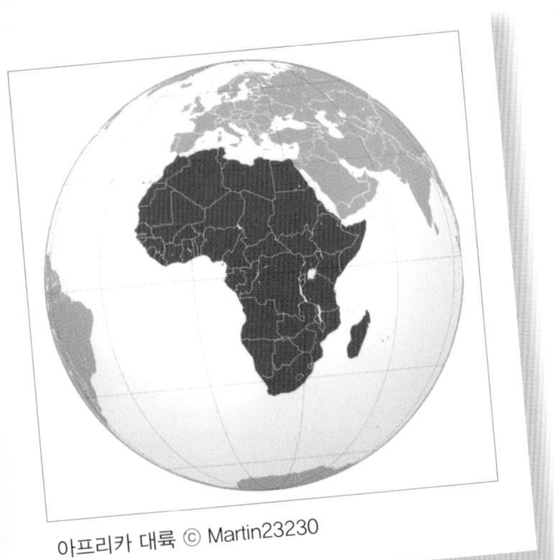
아프리카 대륙 © Martin23230

아프리카의 역사에서 북부 아프리카(지중해 연안)와 중부 아프리카(사하라 이남), 남부 아프리카는 각각 그 배경을 달리하고 있습니다.

북부 아프리카는 일찍이 나일강 유역에 고대 이집트 문명이 일어났으며, 그리스와 페니키아의 도시들이 발달했습니다. 이곳은 예로부터 다른 민족과 접촉하며 영향을 주고받았으며 유럽 및 서남아시아와 밀접한 관계를 유지하기도 했습니다. 그러나 중부와 남부 아프리카는 원시적인 농경과 수렵 생활을 하던 지역으로, 유럽 세력이 진출하기 전까지 많은 부분이 감추어져 있었습니다.

아프리카 대륙은 15~16세기 포르투갈의 탐험에 의해 알려지기 시작했습니다. 17세기 후반부터 성황을 이룬 노예 무역 때문에 아프리카인들끼리 혹은 부족끼리 전쟁을 벌여 포로들을 팔아넘기기도 했어요. 18세기에 이르러 탐험은 더욱 활기를 띠었고, 19세기 후반에는 유럽인들이 아프리카 내륙까지 깊숙이 탐험했지요. 결국 제2차 세계 대전 전까지 몇 개의 독립국을 제외하고는 아프리카 전 대륙이 영국, 프랑스, 네덜란드 등 유럽 제국의 식민지가 되었습니다.

사하라를 횡단하는 아프리카 노예의 모습을 그린 19세기의 판화

오늘날 아프리카에는 50여 개가 넘는 독립 주권 국가가 있는데, 많은 나라가 불안정, 부패, 폭력, 권위주의 등 식민 지배의 후유증을 겪고 있습니다. 가장 파괴적이었던 제2차 콩고 전쟁에서는 540만여 명이 목숨을 잃기도 했습니다.

둘 아프리카인의 눈물

수렵과 채집 생활을 하며 평화롭게 살던 아프리카 원주민들은 신항로 개척에 따라 유럽인들이 밀고 들어온 뒤, 노예 무역의 희생양이 되었습니다. 노예 무역이 시작된 이래 최소한 흑인 노예 1,200만 명이 고향 아프리카 땅을 떠나 신대륙으로 팔려 갔으며, 그 과정에서 흑인 3,000만 명이 희생되었습니다. 시간이 흘러 세계 곳곳에서 노예 제도가 폐지되기는 했지만, 지금까지도 많은 아프리카 사람들이 고통받으며 살고 있습니다. 주로 부족 간의 다툼이나 독재, 개발 부진 등이 이유이지요. 식민 지배 당시, 강대국들이 아프리카 원주민 부족에 대한 이해 없이 자신들의 필요에 맞게 나라의 경계를 세웠던 것의 후유증도 그 원인 중 하나입니다. 사이가 좋지 않은 부족이 한 나라 안에 묶이는 경우도 많았는데, 이때 세워진 국경이 지금까지 이어져 오고 있기 때문입니다. 이외에도 많은 이들이 더운 날씨로 인한 질병, 긴 가뭄과 그로 인한 영양실조, 식수의 부족 등에 시달리고 있습니다.

코트디부아르의 에이즈 예방 포스터

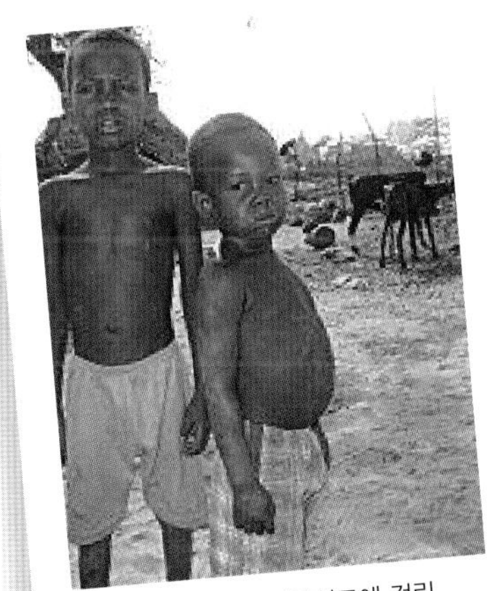
2005년 대기근 때 영양실조에 걸린 아프리카 니제르 어린이들

who? 지식사전

슈바이처가 활동했던 랑바레네

랑바레네는 가봉에서 유일하게 선박 운항이 가능한 항구로, 적도에서 남쪽으로 80킬로미터 떨어진 지점에 있는 아프리카 사람들의 주거지입니다. 슈바이처가 병원을 세워 의료 활동을 했던 근거지로 알려지면서 겨우 세상에 알려질 만큼 아프리카에서도 오지에 속하는 곳이었습니다.
슈바이처는 이곳에서 아프리카 사람들의 질병을 치료했으며 사망 후에도 이곳에 묻혔습니다. 현재는 개발이 이루어져 수도인 리브르빌과는 자동차 도로로 연결되어 있습니다.

랑바레네에 있는 슈바이처의 묘지
© Vincent.vaquin

셋 아프리카 국가들

남아프리카 공화국

남아프리카 공화국 국기

아프리카 대륙 남단부를 차지하는 나라로, 영토 내에 독립국 레소토가 있습니다.
남아프리카 공화국은 17세기에 네덜란드 사람들이 이주한 이후 백인이 유입되어, 1815년 영국의 식민지가 되었습니다. 이후 남아프리카 공화국의 백인 정권은 자신들의 유색 인종에 대한 차별 정책을 비판하는 영국 정부로부터 독립해 1961년에 남아프리카 공화국을 선언했습니다. 극단적인 인종 차별 정책을 시행하여 1974년 유엔(국제 연합)에서 축출되어 한동안 국제적 고립 상황에 처하기도 했으나, 최초의 흑인 대통령인 넬슨 만델라가 1994년 5월에 집권 이후 인종 차별 정책을 철폐했습니다.

넬슨 만델라는 남아프리카 공화국 최초의 대통령입니다.
ⓒ South Africa The Good News

who? 지식사전

미국 감리교 선교사 아펜젤러 목사

선교사

슈바이처는 한 선교 잡지에서 아프리카에 선교사가 필요하다는 글을 보고 아프리카로 떠났지요. 선교사란 그리스도의 복음을 널리 전하기 위하여 다른 나라에 파견되는 신부나 목사를 부르는 말입니다. 넓은 뜻으로는 직접 선교 활동에 종사하는 사람 외에 교육, 의료 사업 등에 종사하는 성직자나 평신도도 포함됩니다.
오늘날과 같은 선교 활동의 기초를 닦은 사람은 1792년 영국에서 침례회 전도회를 조직한 윌리엄 캐리 목사입니다. 그는 1793년에 인도 선교사를 자원, 단신으로 인도에 들어가 크게 활약했습니다.
한국에는 1885년 미국 감리회의 아펜젤러 목사와 장로회의 언더우드 목사가 선교사로 공식 입국을 한 것으로 기록되어 있습니다. 선교사는 아직 포교되지 않은 미개척지에 찾아가 일하는 것이 원칙이기 때문에 특별한 교육을 받고 파견됩니다.

콩고 공화국 국기

콩고 공화국

아프리카 대륙의 중서부, 대서양 연안에 있는 나라입니다. 오랫동안 프랑스의 식민 지배를 받다가 1960년에 독립했어요. 남동쪽으로 콩고 민주 공화국과 국경을 접하고 있는데, 두 나라는 콩고강을 둘러싼 지역을 놓고 영토 분쟁을 벌이고 있습니다. 1990년에 지난 25년 동안 계속된 공산주의 정권이 무너지고 1992년 민주 정부가 출범했습니다. 수도 브라자빌을 중심으로 한 음악이, 다양한 춤과 형식을 만들어 내면서 아프리카 음악의 중심지가 되었습니다.

콩고의 어린이들

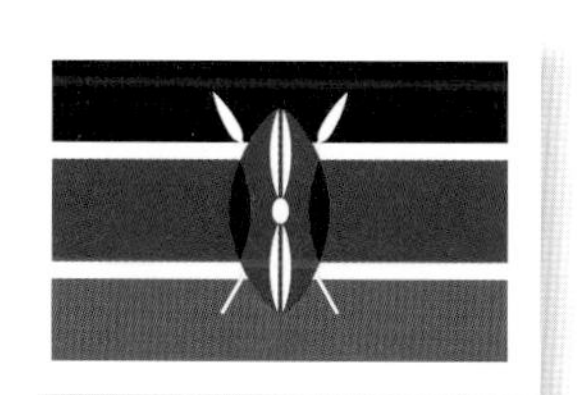
케냐 공화국 국기

케냐

아프리카 대륙 동부에 있는 나라로, 1895년에 영국의 동아프리카 보호령(영국의 통치를 받은 동아프리카 지역)이 되었고 1920년 영국의 식민지가 되었으며, 1930년대부터 시작된 독립운동 끝에 1963년 독립했습니다.

정식 명칭은 케냐 공화국이며, 남동쪽으로 인도양, 동쪽으로 소말리아, 북쪽으로 에티오피아와 수단, 남쪽으로 탄자니아, 서쪽으로는 우간다와 접하고 있습니다. 영국의 식민지였던 탄자니아, 우간다와 함께 창설한 동아프리카 공동체(EAC)의 회원국이기도 합니다.

자연 경관이 다양하고 아름다우며 코끼리, 사자, 기린, 얼룩말 등의 야생 동물이 많아 나이로비 국립 공원 등 각지에 야생 동물 보호 지구가 있습니다.

케냐 나이로비 국립 공원

5 아프리카 원주민과 함께

슈바이처는 의학 공부를 마치자마자 본격적으로
의약품과 의료용품을 마련하기 시작했습니다.

아프리카에는 가져갈 수 없는
물건들을 팔았으니 이젠 그
돈으로 의료용품을 사러
가야겠군.

어디에 쓰려고
이렇게 많이 사세요?
먼 곳에 불쌍한
사람들을 도우러
갈 겁니다.

이야,
꽤 많이 모았네?

응, 이건 음악 공부를
함께한 동료들이
보내 준 약품들이야.

우리도 약품을 사 왔는데
이건 이제 필요 없는 것
아니야?

아니, 약품은 아무리
많아도 부족할 테니
많을수록 좋지.

이제 아프리카로 떠나는
날도 얼마 안 남았네.
준비는 잘되가?
열심히 하곤 있지만
아프리카에서의 생활이
쉽진 않을 것 같아.

하지만 그만큼
각오하고 있어.

1913년, 드디어 슈바이처는 헬레네와 함께
유럽에서의 모든 것을 내려놓고 아프리카
가봉의 랑바레네로 향했습니다.

랑바레네는 전염병과 홍수, 병을 옮기는 벌레가 많아
사람들이 힘들게 살고 있는 곳이었습니다.

알베르트,
우리 잘할 수
있겠죠?
물론이지요.
두려워요?
조금은요.
불덩어리같이 뜨거운 날씨와
열악한 환경 속에서 지낼 생각을
하니 갑자기 두려워져요.
준비하고 노력한 만큼
잘할 수 있을 거예요.
용기를 가집시다.

유럽을 떠난 지 몇 달 만에 도착한 리브르빌
지역의 선교 본부에는 미국인 선교사 포드와
몇 명의 아프리카 아이들이 슈바이처를 마중
나와 있었습니다.

어서 오세요,
슈바이처 박사님.
우리 선교 본부 정원에서
키운 꽃과 과일이에요.
반갑습니다!

아프리카에서 받는
첫 선물이군요!
고맙다,
얘들아.

박사님, 앞으로는 다른 모자 말고
무조건 이 열대용 모자를 쓰세요!
아프리카에서는 태양을 최대의
적으로 생각하셔야 합니다.

이제 곧 해가
질 텐데요?
한낮의 내리쬐는
햇볕만큼 아침, 저녁의
햇볕도 위험하답니다.

이젠 햇볕 아래에 있어도
덜 더운 흰옷 위주로
입어야겠어요.
그렇게 평생, 태양을 피하는 열대용 모자와
함께해야 하는 아프리카 생활이 시작되었습니다.

* 브랜디: 과실을 증류하여 만든 술을 통틀어 이르는 말

이렇게나 많은 아프리카인이 안타깝게 죽어 가고 있었다니, 너무 충격적이에요.
그러게 말이오. 생각보다 심각하군요.
이야기로 듣던 것보다 훨씬 더 열악한 환경이구나.
우리가 조금만 더 일찍 왔더라면 몇 사람이라도 더 살릴 수 있었을 텐데.
안타까운 일이네요.
이제부터라도 최선을 다해 치료해 주는 수밖에요.
슈바이처는 그곳의 원주민들을 바라보면서 어릴 적 콜마르에서 봤던 슬픈 표정의 흑인 조각상을 다시 떠올릴 수밖에 없었습니다.

며칠 뒤, 슈바이처와 헬레네는 긴 여행 끝에 랑바레네에 도착했습니다. 선교 본부에서 지어 준 자그마한 집 한 채와 선교사 크리스톨이 그들을 맞아 주었습니다.

드디어 랑바레네에 도착했군요.
앞으로의 일들이 기대도 되지만 걱정도 돼요.

너무 걱정 말아요. 이곳에 오기 위해 얼마나 많은 준비를 했소?

붉게 물들어 가는 랑바레네의 저녁노을을 바라보며 슈바이처는 아프리카 원주민들의 목숨을 살리기 위해 랑바레네행을 택한 자신의 결심을 더욱 굳건히 했습니다.
우린 잘해 나갈 거요.

슈바이처는 여행의 피로를 풀 겨를도 없이 아침 일찍
사람들이 웅성거리는 소리에 잠에서 깨어났습니다.

저 사람이다!
어디?

유럽에서 우리 병을 고쳐 주러 온다는 사람이 저 사람 맞지?
피부가 하얀 걸 보니 맞는 것 같아!

이 많은 사람이 내가 온다는 소식을 듣고 일찍부터 기다리고 있었다고요?

말도 마세요. 유럽에서 '오강가'가 도착했다는 소문이 언제 퍼졌는지 이렇게 많이 몰려왔더라고요.
오강가?

이곳 사람들은 병을 치료해 주는
의사를 주술사, 즉 오강가라고
불러요. 그래서 박사님을 오강가로
알고 있어요.

그건 그렇고 진료를
할 막사는 어디에
있나요?

뭐라고요?
꼭 만들어 달라고
그렇게 부탁했는데.
그게, 일꾼들이
나무 베는 일에만
매달려서 아직…….

일단 환자들이
기다리고 있으니
진료를 시작합시다.
어쩌죠?
아픈 환자들을
외면할 수도 없고.
죄송합니다.
면목이 없네요.

슈바이처는 제대로 된 진료소가 없을 뿐 아니라 통역도
구하지 못해 아프리카 원주민들에게 어렵게 아픈 곳을
물어 가며 진료를 할 수밖에 없었습니다.
배가 아프다는
말이요, 가슴이
아프다는 말이오?

*체체파리: 사람이나 짐승의 피를 빠는 흡혈 파리

그런데 벌써 약이 다 떨어졌어요. 붕대도 그렇고……. 이제 어떡하죠?
환자들을 일단 돌려보내는 수밖에 없겠군요.

여러분, 제가 진료를 하고 싶어도 약과 붕대가 없어서 진료는 여기까지만 하겠어요. 미안합니다.

안 돼요. 저는 이틀이나 걸려서 여기까지 왔단 말이에요.

오강가, 저 좀 살려 주세요! 나무에서 떨어졌는데 여기가 너무 아파요.

우리 아버지 좀 살려 주세요!

저도 여기서 피가 나요.

이봐, 공짜로 병을 낫게 해 주겠다고 사람들을 불러 놓고 이제 와서 그냥 돌아가라니! 당신도 다른 백인들과 똑같아!
무슨 짓이에요!

저도 치료를 해 드리고 싶지만 제가 가져온 약과 붕대가 모자라서 그럽니다. 여러분을 속이는 게 아니에요.
흥! 너희 백인들 거짓말에 더는 안 속아.

오강가! 제 아들 좀 살려 주세요! 어젯밤부터 몸이 불덩이처럼 뜨거워지더니 깨어나지를 않아요!
뭐? 어디 한번 봅시다. 아이를 여기에 눕혀요.

이런!

당장 수술을 해야 해요! 어서 준비해 줘요.
네.

살아날 가망이
있을까요?
상태가 심각하지만
이대로 두면 죽을 거야.
할 수 있는 한
최선을 다해 봐야지.
잠깐!
우리 아들 내놔!

무슨 짓이야!
더 이상 다가오지 마.
내 아들한테 손도 대지 마!
안 그러면 백인
오강가 너를 가만두지
않을 거야.

죽음을 앞둔 사람은 그대로
죽음을 받아들여야지
다음 생에서 다시 사람으로
태어날 수 있어.

너 같은 백인 오강가가
손을 대면 부정 타서
다시 사람으로 태어날
수 없다고!

아프리카에 저주를 몰고
온 백인 오강가!
허튼수작 말고
어서 그 아이를 돌려줘!
어서 내 아들을
내놓으라고!

진정하고 제 말을
좀 들어 보세요!

당신들 말대로 이 아이를 이대로
두면 죽을 수밖에 없습니다.
그러나 저는 사람들의 목숨을
구하기 위해 온 의사입니다.
저에겐 이 아이를 살려야 할
책임과 의무가 있습니다.

제발 저를 믿고 치료할 수
있게 해 주세요.
꼭 살려 보겠습니다.

그, 그렇다면.
흔들려선 안 되네.
저 백인 오강가는
아이를 살리지 못해!

만약 내 아들을 살리지
못하면 당신 목숨도
내놓아야 할 거요.

너희 모두
후회하게 될 거야!
최선을 다하겠습니다.

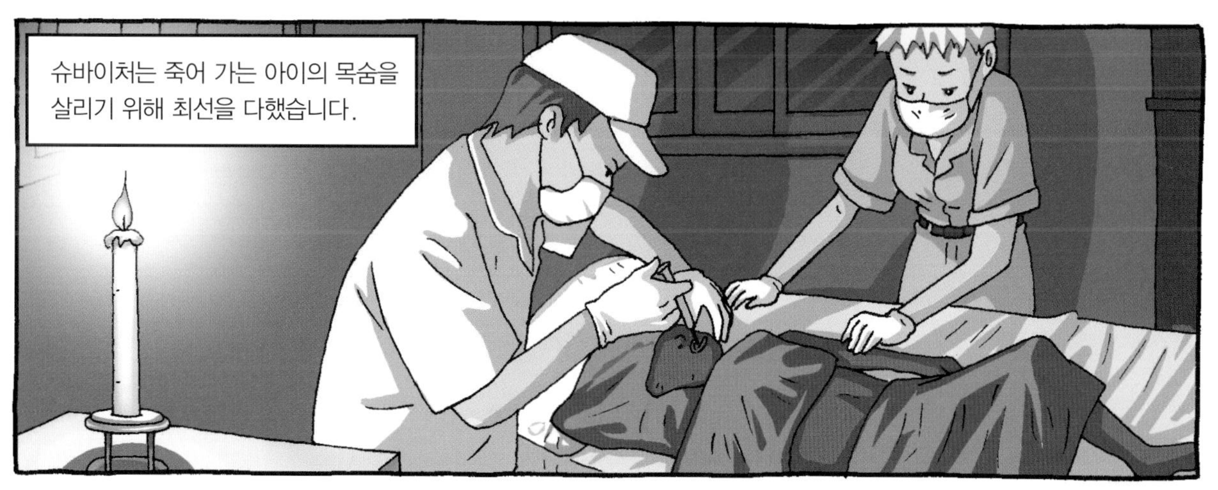
슈바이처는 죽어 가는 아이의 목숨을
살리기 위해 최선을 다했습니다.

수술을 마친 슈바이처는 온몸의 힘이
빠진 것을 느꼈습니다.

박사님, 오늘
있었던 이야기는
들었습니다.
그러셨군요.

여기 사람들은 피부색이
다른 선생님을
쉽게 믿지 않아요.
도와주겠다고 했다가 험한
꼴을 당하느니 살 가망이 낮은
환자는 그냥 돌려보내는 게
낫지 않을까요?

흠…….

나는 그건 아니라고 생각해요.
죽을 게 뻔한 환자라도 의사는 끝까지 환자를
보살펴야 해요. 난 단지 최선을 다해 치료를
할 뿐이고, 환자가 살고 죽는 것은
신의 뜻이겠지요.

그렇지만 원주민들은
이런 박사님의
마음을 알지 못해요.
맞아요. 작은
실수에도 잡아먹을
듯이 보잖아요.

여기 사람들의 신뢰를 얻는
것도 극복해야 할 숙제라고
생각하네.

이 일로 계기로 안타까운 생명을 보살펴 주고 싶어 했던 슈바이처의 마음이 아프리카인들에게 전해지기 시작했습니다.

아프리카인들은 습하고 청결하지 못한 생활 환경 때문에 옴이라는 피부병을 달고 살았습니다. 그들의 딱한 모습을 본 슈바이처는 피부병 약을 만들어 원주민들에게 나누어 주었습니다.

슈바이처는 직접 닭장을 개조해 진료소로 만들었습니다.

이것 좀 마시고 해요.

안 그래도 목말랐는데 잘됐군. 고마워요.

심장병, 수면병, 폐병 등 다양한 병에 걸려 찾아오는 환자를 진료하다 보니, 슈바이처는 어느새 한두 가지 병을 고치는 의사가 아니라 모든 병을 고쳐 주는 주술사 같은 존재가 되었습니다.

하지만 아프리카인들을 대하는 극진한 마음과 노력만으로는 소용이 없었습니다. 다시 의약품과 의료용품이 부족해지자 슈바이처는 초조해졌습니다.

뿌우우웅~

드디어 우리 짐을 실은 배가 도착했어요.
드디어 왔군!

선교사 샴펠이 슈바이처와 함께 유럽에서 출발했던 짐을 내리고 있었습니다.

오래 기다리셨죠?
무사히 도착해 줘서 고마워요.

여러분! 그 짐은 특히 조심해야 돼요!

크아아앙~
아악! 뭐, 뭐야!
괴물이 들어 있다!

오강가, 정말 이 속에
괴물이 있는 거예요?
하하하. 놀라게 해서
미안해요.

이 안에는 사나운 짐승이
아니라 아주 아름다운 것이
들어있지요.

슈바이처가 소중하게 다룬 그것은 파리의 바흐 협회가
특별히 열대 지방에서 사용할 수 있도록 만들어 준
피아노였습니다.

훗날 이 피아노는 아프리카 생활에 지친
슈바이처에게 큰 위로가 되어 주었습니다.

통합 지식+ 5

봉사 활동

봉사 활동은 이웃과 따뜻한 마음을 나누며 공동체 의식을 갖게 하기 때문에 우리 사회가 더욱 건강해지는 역할을 합니다.

유니세프 기

유니세프의 어린이 교육 사업 모습 © UNICEF

하나 유니세프(UNICEF)

유니세프(봉사 활동 아동 기금)는 전 세계적으로 잘 알려진 국제 구호 단체로, 유엔 산하에 있는 특별 기구입니다. 제2차 세계 대전이 끝난 뒤, 1946년에 전쟁 피해 아동의 구호 활동과 저개발국 아동의 복지 향상을 목적으로 설립되었습니다.

유니세프는 1948년부터 우리나라의 어린이들을 지원하기 시작했는데 1993년까지 총금액이 무려 2,300만 달러나 됩니다. 예전에는 우리나라가 후원 대상국이었지만 지금은 우리가 도움을 주는 국가로 참여하고 있습니다.

유니세프는 144개 가난한 국가의 아동 생존과 발달, 기초 교육, 권리 개발과 지원, 어린이 보호 등을 위해 활동하고 있습니다. 기금은 주로 일시 후원이나 정기 후원을 통해 모으며 유니세프 관련 상품의 판매를 통해 모으기도 합니다.

who? 지식사전

봉사 활동에 나선 학생들

학생 봉사 활동

학생 봉사 활동은 인성 교육의 강화를 위해 1996년부터 전국적으로 시행되었습니다. 1995년 발족한 교육 개혁 위원회가 중 · 고등학생의 학교생활 기록부에 봉사 활동의 기록을 제도화시킴으로써, 청소년 봉사 활동이 급격히 증가하는 계기를 마련했습니다. 이후 2000년도부터 봉사 활동이 제7차 교육 과정의 특별 활동 영역의 한 영역으로 정착됨에 따라 조직적이고 체계적인 지도를 하기 시작했어요.

둘 월드비전(World Vision)

월드비전은 우리나라에서 가장 잘 알려진 구호 단체입니다. 6·25 전쟁 중에 미국인 목사 밥 피어스(1914~1978년)가 전쟁고아와 미망인들에 대한 구호를 목적으로 사업을 시작했어요. 이것이 점차 확대되어 지금은 세계적인 기독교 구호 단체로 발전했습니다.

100여 개국에 직원을 두고 있는 월드비전은 민간단체이기 때문에 유니세프보다는 규모가 작지만 그만큼 섬세하게 활동하고 있습니다. 어린이 개인의 교육이나 식량을 지원하는 것과 동시에, 그들이 속한 지역 사회가 발전할 수 있는 사업을 펼치고 있어요.

월드비전을 세운 밥 피어스 목사

셋 국경없는의사회(MSF)

국경없는의사회는 1971년에 설립되었으며 정치, 종교, 인종, 이념을 초월한 국제 민간 의료 구호 단체로 운영되고 있습니다. 스위스 제네바에 본부를 두고 있으며 세계 20개 국가에 사무소가 있습니다.

국경없는의사회는 응급 구호를 필요로 하는 지역과 전쟁 피해 지역에서 기본적인 치료, 수술, 병원과 진료소의 복구, 영양 보급 및 공중위생 프로그램 운영, 의료 요원 교육 등의 활동을 합니다. 또한 정치적 중립성을 위해 개별 정부의 직접 지원은 거부하고, 군수 산업체의 지원도 받지 않는다는 원칙을 지키고 있습니다.

국경없는의사회는 세계 각지의 분쟁 참사 지역에 신속히 들어가 구호 활동을 펼치며 인도주의를 실천하고 일반 대중의 관심을 일으킨 공로로 1999년 노벨 평화상을 받았습니다.

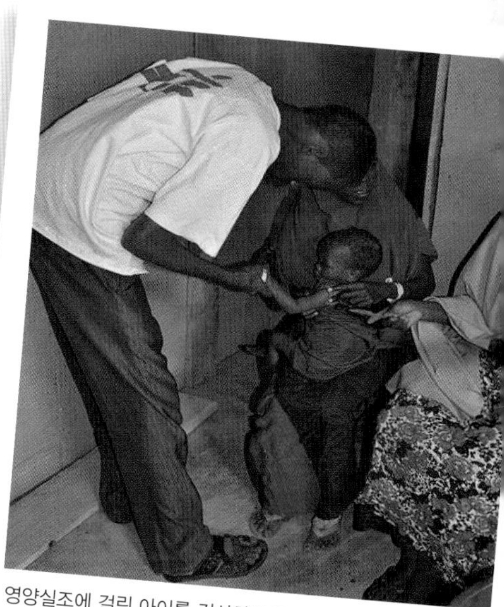
영양실조에 걸린 아이를 검사하고 있는 국경없는 의사회의 자원봉사자 © DFID

넷 그린피스(Greenpeace)

그린피스는 지구의 환경을 보존하고 세계 평화를 증진시키는 활동을 벌이기 위해 만들어진 대표적인 비정부 기구(NGO)입니다. 1971년 캐나다 밴쿠버에서 창설되었으며 본부는 네덜란드 암스테르담에 있습니다.

지구 온난화 중지라는 메시지를 담아 그린피스가 띄운 눈사람 모양의 열기구 © Salvatore Barbera

이들은 초기에는 핵 실험, 방사성 폐기물 해양 투기 같은 핵 활동 금지와 해양 동물 보호에 초점을 맞춰 활동했지만, 최근에는 이를 포함해 기후 변화 대응, 해양 오염 방지, 세계 원시림 생태계 보호, 생물종의 다양성 유지 등과 관련된 활동도 적극적으로 추진하고 있습니다.

그린피스 회원들의 시위 장면 © Guillaume Paumier

그린피스라는 이름은 창립 멤버 중 한 명인 빌 다넬이 지구에 대한 관심과 핵 실험 반대의 뜻을 담아 녹색의 지구와 평화를 결합해 만들었다고 합니다.

who? 지식사전

한국 해비타트 운동 본부의 집 짓기

보금자리를 만들어 주는 해비타트 운동

해비타트는 1976년 사회 사업가인 미국인 밀라드 풀러가 창설했으며, 주택 신축이나 보수를 통해 무주택 서민의 주거 문제를 해결해 주는 국제적인 기독교 자원봉사 운동 단체입니다.
해비타트 운동의 특징은 집 짓는 모든 일을 자원봉사자의 힘으로만 해결하는 점입니다. 해비타트로부터 새집을 받게 된 가정은 건축 원가의 5% 정도를 선금으로 지불해야 하고, 자신의 집이나 다른 이들의 집을 짓는 데 최소한 500시간 이상 자원봉사에 동참해야 합니다. 한국 해비타트 운동은 1980년대 후반에 시작되었습니다.

다섯 구세군

구세군은 선교 활동과 사회봉사 활동을 함께 하는 기독교의 한 교파입니다. 구세군은 영국의 윌리엄 부스가 1865년에 처음 창설했으며, 그리스도교 전도회라는 이름으로 서민층을 상대로 빈민가 등을 찾아다니며 거리 전도를 한 데서 시작했습니다. 구세군이라는 군대식 이름이 붙은 이유는 구세군 단체 조직을 군대식으로 꾸몄기 때문이며, 1878년에 그 명칭을 정식으로 '구세군'이라고 정했습니다. 특히 연말에 실시하는 불우 이웃 돕기 모금 운동인 자선냄비가 가장 유명한데, 구세군 자선냄비는 1891년 샌프란시스코에서 난파한 배의 생존자를 돕기 위해 시작되었으며, 한국에서는 1928년부터 자선냄비를 알리는 사랑의 종이 울리기 시작했습니다.

구세군의 기

구세군 자선냄비 ⓒ Rama

여섯 굿네이버스(Goodneighbors)

굿네이버스는 1991년 한국인에 의해 설립되었으며, 국내에서 설립된 단체로는 최초로 유엔 경제 사회 이사회로부터 지위를 인정받은 국제 구호 개발 단체입니다. 굿네이버스는 굶주림 없는 세상, 더불어 사는 세상을 만들기 위해 빈곤과 재난, 억압으로 고통 받는 이웃의 인권을 존중하며, 그들이 희망을 품고 자립적인 삶을 살아갈 수 있도록 돕는 활동에 힘쓰고 있습니다. 굿네이버스는 국내 및 북한과 해외 27개국에서 종교와 인종, 사상을 초월하여 여러 활동을 수행하고 있습니다. 굿네이버스는 활발하고 뛰어난 활동으로 2007년에 유엔이 주는 새천년 개발 목표상을 받기도 했습니다.

유엔의 새천년 개발 목표상을 수상한 굿네이버스

6 전쟁의 소용돌이 속으로

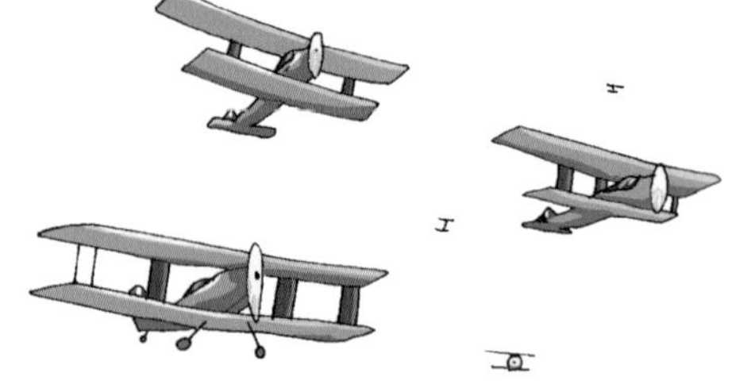

잠시 시간이 날 때는 진료소를 덮칠 듯이 자라는 넝쿨을 직접 정리하기도 했습니다.

오강가, 이런 건 저희가 할 테니 그만 쉬세요.

아닐세, 내가 시작한 일인데 자네들에게만 맡기고 쉴 수는 없지.

*오지: 해안이나 도시에서 멀리 떨어진 대륙 내부의 땅

슈바이처는 뛸 듯이 기쁜 마음으로 랑바레네로 돌아왔습니다. 그리고는 한시라도 빨리 병원을 세우고 싶은 마음에 건설업자들이 오기 전부터 앞장서서 일을 시작했습니다.

*함석: 표면에 아연을 도금한 얇은 철판

땅 고르는 것만 2주일이 걸렸네요. 그래도 이제 병원 터는 마련되었으니 건물만 올리면 되겠어요.

선생님, 그새 환자가 많이 밀려 있어요.

환자들을 오래 기다리게 할 수는 없지. 진료하러 가야겠어.
좀 쉬었다 하세요.

그리고 몇 달 뒤, 제대로 모습을 갖춘 병원이 완성되었습니다.

아, 그토록 원하던 제대로 된 병원이 생겼어!

와, 방도
많아요.
이젠 환자들이 다
나을 때까지 입원할
수 있겠어요.

이 방은 진료실로 쓰고
뒤쪽에 있는 방은 수술실로
쓸 생각입니다.

여기 작은 방들은
약품 보관실과
소독실이에요.
근사해요!

뜨거운 공기가 실내에 머물지
않게 창도 큼지막해요.

벌레가 들어오지 못하게
방충망도 되어 있어요.
박사님께서 부탁하신
그대로예요.
그러네요.

이제 말라리아를 옮기는 모기와
수면병을 옮기는 체체파리들에게서
어느 정도 해방되겠군.

꿈에도 그리던 새 병원이 완성된 뒤, 슈바이처는 하루에 꼬박 16시간씩 환자를 진료했습니다.

앗!
선생님!

선생님, 이러다 쓰러지시겠어요. 좀 쉬세요.

아닐세. 나야 잠깐 쉬는 것이겠지만 그사이에도 환자들은 고통 받고 있지 않은가.
선생님…….

당신을 꼭 만나야겠다는 손님이 있는데요?
누구?

오강가,
안녕하세요.
자네는 얼마 전에
이질이 걸린 아기를
데리고 왔던?

네, 그때 제 딸의 병을
고쳐 주셔서 고맙다는 인사를
드리려고 왔어요.
별거 아니지만 받아 주세요.

이곳에서 계란이 얼마나
귀한 음식인데 나에게
가져오다니…….

제 딸의 병을 낫게 해 주셔서
이렇게라도 보답하고 싶어요.
부디 받아 주세요.

먼 길을 걸어왔을 텐데
자네의 마음을 봐서
고맙게 받겠네.

하지만 다음부터는
가져오지 않아도 되네.
나는 내가 할 일을
했을 뿐이니까.

슈바이처에게 치료를 받아 나은
아프리카인들은 이런 식으로
감사의 마음을 표현하기도
했습니다.

선생님, 오늘도 환자 가족이
이렇게 많은 과일과 음식을
두고 갔는데 어쩌죠?

형편이 더 어렵고 굶주린
사람들에게 나누어 주게.

이제 이곳은 병을 치료하는 곳만이
아니라 사람들이 서로 도움을 주고
받는 장소가 되어 가는군요.
그래요. 그게 바로
내가 원하는 병원의
모습이에요.

슈바이처의 보살핌은 이렇게 그가 연주하는 피아노 소리처럼
랑바레네에 널리 울려 퍼졌습니다.

슈바이처가 아프리카에서 의료 활동을 펼친 지 일 년쯤 되어 갈 때 유럽에서는 제1차 세계 대전이 일어났습니다.

제1차 세계 대전은 유럽의 모든 나라를 전쟁으로 몰아넣었는데, 특히 프랑스와 독일의 싸움이 치열했습니다. 그리고 그 여파는 프랑스의 식민 지배를 받았던 가봉의 랑바레네 지역까지 미치고 있었습니다.

프랑스와 독일 간 전쟁은 계속되고 있다던가요?
네, 전쟁 희생자가 이젠 셀 수도 없이 많아지고 있대요.

선생님의 고향 알자스가 지금은 독일 지역이지만 태어나시기 5년 전에는 프랑스 땅이었다면서요?

어떤 나라가 내 나라인지는
중요하지 않아요.
안타까운 건 지금도 많은
사람이 의미 없이 죽어 가고
있다는 사실이지요.

여기가 그 랑바레네의
병원이군!

당신들은
누구시오?

당신이 바로
슈바이처라는
의사 양반이군요.

독일과 프랑스가 전쟁 중이니
랑바레네 병원은 우리 프랑스군이
접수하겠습니다. 또, 적국 독일 국민인
알베르트 슈바이처 박사는
집 안에서 나오지 못하도록
강제 구금하겠소.

환자들을 모두 내쫓고,
선교사들도 도망가지
못하도록 다 체포해!
네!

잠깐만! 그럼 환자는
어떻게 보라는 얘기요!
꾸물거리지 말고
어서 박사를 집으로
끌고 가!

프랑스 군인들로 인해 슈바이처는 사택에 감금되었습니다. 또한 다른 선교사들도 모두 선교 본부로 옮겨져 병원은 문을 닫을 수밖에 없었습니다.

슈바이처가 직접 일구며 힘들게 가꾼 병원은 돌보는 사람 없이 점점 폐허로 변해 갔습니다.

저리 안 가!
오강가!
치료 좀 해 주세요!

너무
아파요.
오늘도 내 도움이
필요한 이들에게 아무것도
해 줄 수가 없다니.

찾아오는 환자라도
치료할 수 있게 해 주시오.
아픈 사람들을 외면할
수는 없단 말이오.
절대 안 됩니다.
이건 명령이라 저희도
어쩔 수 없습니다.

탕 탕!
총소리?

이게 도대체
무슨 짓이오!

이제 다시는 사람들이
찾아올 일 없을 것이오.
박사도 환자가 없으면
편하지 않소?

환자를 치료하지 못하게 하자 슈바이처는 책을 쓰는 일에 전념했습니다.

인간은 살려는 욕망을 지니고 있다. 그 힘으로 인간이 발전하는 것이다. 그러나 그것 때문에 인간은 남을 이기고 자기만 살려고 한다. 이것이 생존경쟁이다.

그로인해 나라와 나라 사이에 전쟁이 일어나는데 이것이 바로 싸움의 욕망이다. 다른 한편으로 인간은 서로 사랑하고 도와주고 손을 잡고 이 땅을 낙원으로 만들고 싶어 하는 사랑의 마음도 지녔다. 이것은 인간의 본성, 즉 본마음이다.

인간의 마음속에 자리 잡은
싸움의 욕망과 사랑의 마음을
어떻게 하나로 다스려야 할까?
나는 아직도 정답을 찾지 못하고 있다.
인간의 마음속에 천사와 악마가 함께
살면서 서로 이렇게나 격렬히
다투다니…….

웅성웅성
무슨 소리지?

알베르트! 밖을
좀 보세요!

저, 저리들
안 물러나?
물러서지 않으면
총을 쏘겠어.

우리도 더는
못 참아!
당신들이 뭔데
오강가를 잡아
가두어 놓고 있어?

너희가 오강가의
주인이라도 돼? 왜
못 나오게 하는 거야?
우리의 오강가를
풀어 줘!

너희 모두
죽고 싶어?

이러다가는 큰일이
벌어지겠어!

진정해요, 여러분!
나는 여기 갇혀 있는 게
아니에요.
오강가다.

당분간 집에서 할 일이 있어서 나오지
못하는 거랍니다. 몇 달만 참으면 다시
여러분과 만날 수 있어요.

오강가, 그 말이
사실이에요?

네, 이 사람들은
다른 군인들로부터
나를 보호해 주고
있는 거예요.

오가강가 저렇게
말한다면
사실일 거야.

우리 오강가가
하는 말을 믿자.
그래, 오강가는
거짓말을 안 하니깐.

오강가, 그럼
우리는 돌아갈게요.
휴, 물불 안 가릴 것
같았는데 다행이군.

감금된 지 3개월이 지난 뒤, 슈바이처는 유럽에서 지내는 여러 사람의 도움으로 감금 생활에서 풀려날 수 있었습니다. 그리고 폐허가 된 병원에서 다시 환자들을 돌볼 수 있게 되었습니다.

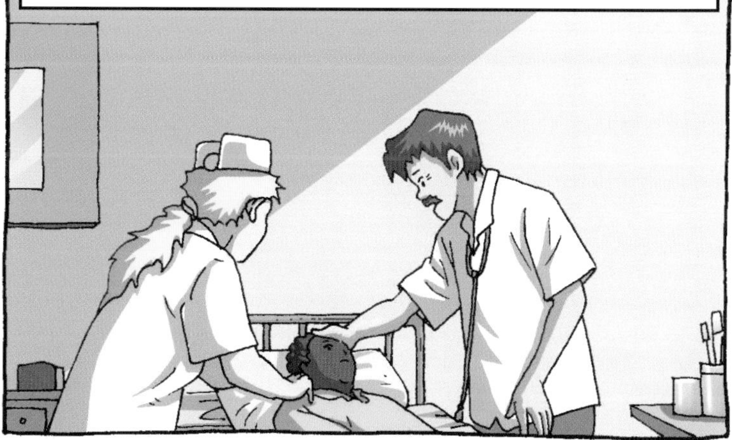

하지만 전쟁의 후유증으로 병원 운영은 더욱 힘들어졌습니다. 요제프도 월급이 반으로 줄어 병원을 그만둘 수밖에 없었습니다.
죄송해요. 저도 가족을 먹여 살려야 해서요.
자네 잘못이 아니야. 내가 더 미안하네.

건강한 모습으로 다시 볼 수 있기를 바라네.
네.

소중히 가꾸었던 병원 주변의 과수원도 군인들과 코끼리 떼가 밟고 지나가 처참하게 망가졌습니다.

게다가 오랫동안 과로에 시달리던 슈바이처도 몸이 약해질 대로 약해져 요양을 떠날 수밖에 없는 상황이 되었습니다.

조심해요. 그쪽은 큰 거미가 많아요.
깜짝이야!

헬레네, 내가 이곳에 와서도 너무 글 쓰는 일에만 매달린 것 같소?
네, 어제도 밤늦게까지 서재에 불이 켜져있던걸요. 제발 무리하지 마세요.

미안해요. 어떤 철학에도 없는 새로운 윤리 사상을 찾기 위해 집중을 하다 보니 글 쓰는 것을 중단할 수가 없네요.
미안해할 거 없어요. 환자를 진료하는 모습만큼이나 당신의 글 쓰는 모습도 보기 좋아요.

우우우

근처에 맹수가
있나 봐요.
그런가 보군요.
조심해요.

저 숲에는 지금도 사나운 짐승들이
서로 잡아먹으려고 싸움을 하고 있겠지?
그러고 보니 지금 유럽에서 전쟁을 벌이고 있는
사람들도 저 짐승과 다를 바가 없는 것 같군.

아, 하마 떼예요.
큰 소리 내면 안 되겠는걸.
가까이 가지 말아요.

아, 이렇게 고요하고
평화로울 수가!

이날 슈바이처가 깨달은 생명 외경 사상은 훗날 그가 쓴
《문화 철학》이라는 책에 그대로 녹아 들어가 많은
사람에게 감동을 주었습니다.
문화철학

원시림 속의 하마 떼, 유유자적하게 먹이를 찾는 새들과 마음 선한 원주민들. 모습은 다르지만 생명이 있는 모든 것이 서로 방해하지 않고 평화로이 살아가고 있군요. 풀 한 포기도 자기의 삶을 살아갈 권리를 가지고 있고, 자신의 생명이 소중하고 고귀한 것처럼 모든 생명도 소중히 여겨야 한다는 생각을 하게 되는 광경이네요. 참다운 사랑이란 살아 있는 모든 것을 보살피는 마음이라는 것도요.

통합 지식+ 6

알베르트 슈바이처의 삶

《물과 원시림 사이에서》 표지

아프리카 랑바레네의 오고우에강에서 찍은 슈바이처 사진 © The Albert Schweitzer Fellowship

하나 슈바이처가 쓴 책

《물과 원시림 사이에서》

《물과 원시림 사이에서》는 슈바이처의 자서전으로, 아프리카 랑바레네에서 의료 봉사 활동을 하면서 보고 느꼈던 일들을 기록한 책입니다. 이 책은 출간 즉시 베스트셀러가 되었으며, 오늘날까지 널리 사랑받고 있습니다.

이 책을 읽다 보면 슈바이처의 인간에 대한 사랑과 열정을 그대로 느낄 수 있습니다. 그 당시 유럽 사람 대부분은, 흑인들은 병에 걸리지도 않고 고통도 잘 못 느낀다고 생각했습니다. 그러나 슈바이처는 이 책을 통해 백인들이 옮긴 질병 때문에 고통 받는 흑인들의 삶을 전 세계에 알렸습니다.

슈바이처는 유럽인들이 아프리카에서 봉사라는 이름으로 행하는 것들이 정작 봉사가 아니라고 단언했습니다.

"우리와 우리의 문화는 커다란 죄의 짐을 지고 있다. 흑인 원주민들에게 선행을 베풀어야 할지 선택할 수 있는 자유가 우리에게는 없다. 우리는 반드시 그렇게 해야만 하기 때문이다. 우리가 베풀어야 하는 선행이란 봉사가 아니라 용서를 구하는 것이기 때문이다. 그리고 우리가 할 수 있는 모든 노력을 다 들여도 우리 유럽인들이 아프리카 땅에서 이곳 원주민들에게 지은 죄의 천 분의 일도 속죄하지 못할 것이다."

또한 슈바이처는 대부분의 사람들이 아프리카 흑인들은 게으르고 구제불능이라고 여기는 편견에 대해 그들이 무기력한 상황에 놓일 수밖에 없던 이유를 설명하며, 어려움에서 벗어날 수 있도록 도와야 한다고 호소했습니다.

《문화 철학》

《문화 철학》은 슈바이처의 철학적 생각을 총정리한 책입니다. 세계 대전을 겪으면서 프랑스 병사의 감시하에 백인 및 원주민과의 접촉을 금지당하자, 평소에 생각하던 철학적 질문에 대해 더 생각할 기회가 생겼습니다. 그는 이 전쟁을 통해 현대 문명의 퇴보와 인간성의 부활을 깊이 생각하게 되었습니다. 슈바이처의 생명 외경 사상이 움튼 것도 이 무렵입니다. 결국 그는 "생명을 유지하게 하고 이것을 촉진하는 것은 선이요, 생명을 죽이고 파괴하는 것은 악이다. 개인이나 사회가 이런 생명에의 경외라는 생각에 따라 생각하고 행동하는 것에 문화의 근본이 있다."라는 생각에 도달하게 되었어요.

슈바이처는 이미 철학 박사 학위 논문인 〈칸트의 종교 철학〉으로 주목받은 바 있지만, 세계와 인생에 대한 긍정적 생각과 윤리를 포함하는 생명 외경 사상을 《문화 철학》에 언급하면서 다시 한번 철학자로서 주목받았습니다.

제1차 세계 대전 중 전쟁 포로로 잡혀 있을 때의 슈바이처 © The Albert Schweitzer Fellowship

《나의 생애와 사상》

20세기의 정신적 스승인 슈바이처의 아프리카 봉사 활동에 대한 이야기는 《물과 원시림 사이에서》라는 책에도 나와 있지만, 《나의 생애와 사상》은 봉사 활동에 대한 기록보다는 살아온 삶에 대한 솔직한 이야기들을 담고 있습니다.

이 책은 슈바이처 자신의 유년 시절부터 생애 전반을 아우르는 이야기를 직접 쓴 자서전이며, 그를 더 잘 이해할 수 있는 책이기도 합니다.

신학자, 철학자로서의 눈부신 명성을 뒤로하고 아프리카 원시림 속 의사의 길을 결정하는 과정에서 어떻게 그런 생각을 하게 되었는지, 어떤 고민을 했는지를 알 수 있고, 또한 생명 외경 사상은 어떻게 탄생하게 되었는지 등에 대해서 이야기하고 있습니다.

《나의 생애와 사상》 표지

둘 재미있는 슈바이처의 일화

최고의 '꼴통'

슈바이처가 오염된 물을 마시지 말라고 여러 차례 경고했음에도 불구하고 아프리카 사람들이 또다시 오염된 물을 마시려다 들키자, 그는 너무나 실망하고 화가 나서 이렇게 혼잣말로 푸념했다고 합니다. "이런 야만인들을 치료한답시고 이 먼 아프리카까지 왔다니, 나도 참 어지간한 꼴통이로군!" 그러자 통역자 겸 조수로 일하던 요제프라는 원주민이 이렇게 대꾸했습니다. "옳으신 말씀입니다. 지구에서는 선생님이야말로 최고의 꼴통이죠. 하지만 하늘에서는 그렇지 않을 겁니다." 이 대답은 어쩌면 슈바이처에게 바칠 수 있는 최고의 찬사였을 것입니다.

랑바레네 병원에서 아기를 안고 있는 슈바이처
ⓒ The Albert Schweitzer Fellowship

굴욕을 감당하고도 아프리카로 가다

파리 선교회에서는 슈바이처를 아프리카로 보내는 선교사로 받아들일지를 놓고 논쟁이 많았습니다. 신앙 검증을 해 보아야만 한다는 극단적인 주장까지 나오면서 아프리카로 가려는 그의 발목을 붙잡았습니다. 결국 슈바이처는 선교지에서 설교와 신학 관련 발언을 절대로 하지 않겠다는 약속을 하고 나서야 아프리카로 갈 수 있었습니다.

who? 지식사전

슈바이처의 명언

- "성공의 커다란 비결은 절대 지치지 않는 인간으로 인생을 살아가는 것입니다. 파도는 출렁이는 바다 표면의 한 부분에 지나지 않을 뿐입니다. 파도 혼자 독립적으로 존재할 수 없습니다. 이처럼 나도 나 자신만을 위한 삶을 살 수 없고, 나의 삶 또한 내 주변에 일어나는 모든 것들과의 경험을 통해 늘 존재할 뿐입니다. 다른 모든 생명도 나의 생명과 같으며 신비한 가치를 지녔습니다. 따라서 나도 그 생명들을 존중할 의무를 지니고 있습니다."
- "생생한 진리는 인간의 사색에 의해 만들어지는 것뿐입니다."
- "마음 안에 빛이 있으면 스스로 밖이 빛나는 법입니다. 동정심이라는 이름의 원을 모든 생명으로 넓히기 전까지는 인간은 진정한 평화를 느낄 수 없습니다."

신학자이자 목사였던 슈바이처의 입장에서는 이런 약속이 이만저만한 굴욕이 아닐 수 없었습니다. 하지만 그는 이런 푸대접과 의심을 감수하면서도 의료 선교사로 자원했으며, 아프리카에서도 최고의 오지 중 하나인 랑바레네로 향했습니다.

스물한 살 무렵의 슈바이처

낡은 파이프 오르간을 고치는 의사

의료 봉사 활동이나 신학 연구와는 별개로 음악 연구에도 몰두했던 슈바이처는 바흐에 관한 저서를 발표하는가 하면, 파이프 오르간의 제작과 연주에 대해서도 많은 관심을 가지고 있었습니다.

슈바이처 그 자신도 훌륭한 연주자였어요. 아프리카에도 피아노를 가져가 연주 연습을 멈추지 않았으며, 제1차 세계 대전 때 포로수용소에 끌려가 갇혀 있을 때도 판자를 건반 삼아 연습했을 정도로 음악을 사랑했습니다.

특히 점차 사라져 가는 유럽 각지의 구형 파이프 오르간의 보존에도 적극적이어서, 직접 파이프 오르간을 고쳐 주기도 했습니다.

슈바이처와 아내 헬레네

- "긍정적으로 생각하는 사람은 모든 장소에서 청신호밖에 보지 않는 사람입니다. 반대로 부정적으로 생각하는 사람은 모든 장소에서 붉은 정지 신호밖에는 보지 않는 사람입니다. 그러나 정말 현명한 사람은 색맹을 말합니다."
- "우리는 모두 한데 모여 북적대며 살고 있습니다. 그러나 우리는 너무나 고독해서 죽어 가고 있습니다."
- "깊게 생각하는 것을 포기하는 것은 정신적 파산 선고와 같은 것입니다."
- "삶을 바라보는 방식에 따라 그 사람의 운명을 결정하게 됩니다."
- "현대인이 하루 몇 분 만이라도 밤하늘을 쳐다보며 우주를 생각한다면 현대 문명은 이렇게 병들지 않았을 것입니다."
- "당신은 당신의 동료를 위해 잠깐의 시간이라도 할애해야 합니다."

7 아프리카의 에덴동산

생명 외경 사상을 깨닫고 요양에서 돌아온 슈바이처에게 안타까운 전갈이 와 있었습니다.
1917년 9월부로 알베르트 슈바이처 박사를 프랑스 본토의 포로수용소에 수용할 것임.

어쩔 수 없이 또 이별하게 되었네요. 최대한 빨리 돌아올게요.
몸 건강히 다녀오세요.
잘 다녀오세요!

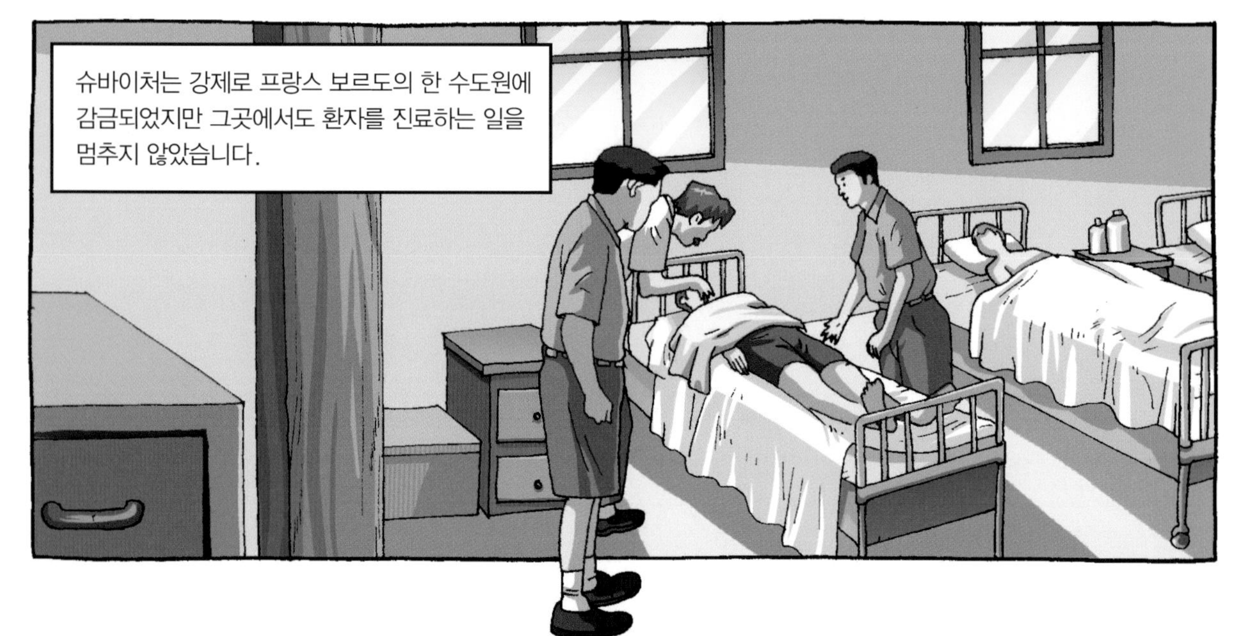

슈바이처는 강제로 프랑스 보르도의 한 수도원에 감금되었지만 그곳에서도 환자를 진료하는 일을 멈추지 않았습니다.

그 뒤, 다시 알자스 사람들만 수용하는 생레미 수용소로 옮겨져 고향 집에 잠시 들를 수 있게 되었습니다.

아버지,
어머니!

저 왔어요.
이, 이게 누구야!

내 아들, 알베르트!

어디 얼굴 한번 만져 보자.
보고 싶었어요.

이렇게라도 만나니 참으로 좋구나.

*호외: 특별한 일이 있을 때에 임시로 발행하는 신문이나 잡지

슈바이처에게 직접 이야기를 듣고 싶어 하는 사람들의 강연 요청도 쇄도했습니다.
우리 대학에서 강연을 해 주세요.

우리 시에도 와 주시겠습니까?

저희 대학에도 꼭 들러 주세요!

강연과 연주회를 하는 동안에도 슈바이처는 아프리카인들의 어려움을 전하며 사람들의 많은 관심과 도움을 요청했습니다.
슈바이처 박사의 피아노 연주회
지금도 전염병으로 죽어 가는 아프리카 원주민들은 여러분의 도움이 절실히 필요합니다.

알베르트, 이제 랑바레네로 돌아가 원주민들을 치료하고 싶지 않아요?
돌아가고 싶지만 당신과 레나는 어쩌고요?

당신은 랑바레네 원주민들을 돌볼 때 가장 행복한 얼굴이에요. 이제 돌아가셔도 돼요.
고맙소. 그렇게 말해 주어서 편안한 마음으로 돌아갈 수 있을 것 같군요.

1924년 슈바이처는 건강이 좋지 않은 헬레네와 어린 딸 레나를 남겨 두고 노엘이라는 청년과 함께 랑바레네로 돌아갔습니다.
함께해 줘서 고맙네, 노엘.
박사님의 희생에 감동하신 어머니께서 꼭 랑바레네로 가서 박사님을 도우라고 하신걸요.

하지만 오랫동안 떠나 있던 랑바레네에는 남아 있는 것이 하나도 없었습니다.
7년이나 떠나 있었더니 병원 건물이 숲에 파묻혀 버렸구나.

하지만 낙담할 것 없어. 내가 처음 왔을 때도 아무것도 없었어.

노엘, 어서 진료할 준비를 하게!
네, 박사님.

아침에는 환자를 보고 오후에는 병원 재건립에 몰두한 결과 병원은 빠른 속도로 제 모습을 되찾았습니다.

그사이 유럽에서 뜻을 함께하겠다는 의사와
간호사들이 합류해서 병원은 점점 활기를
띄기 시작했습니다.

그리고 전쟁 중에 떠나 있던
요제프도 돌아왔습니다.
선생님!
아니,
이게 누군가?

병원이 활기를 띄고, 랑바레네 주변
지역의 원주민들까지 찾아오자
더 큰 병원이 필요해졌습니다.
멀리에서 찾아오는 환자들도
진료를 받고 돌아갈 수 있도록
병원을 더 크게 지어야겠습니다.

그렇다면 누가 감독하고
누가 짓습니까?
저희는 경험이
없는데요.

걱정하지 마세요. 제가 직접
이곳 사람들과 짓겠습니다.
선생님께서
직접요?

더 큰 병원을 짓기로 한 슈바이처의 머릿속에는
새로운 병원의 모습이 그려지고 있었습니다.

이쯤에는 병원 건물을
여러 채 세우고…….

병원 주변에는 과일 농장과 밭을
만들어야겠어. 환자와 보호자들이
먹을 걱정 없는 병원이 된다면
에덴동산 부럽지 않을 거야.

다치지 않도록
조심해요!
네!

나무 한 그루라도
죽지 않도록 정성을
다합시다.

그렇게 시간이 흘러 꿈에 그리던
에덴동산이 완성되었습니다.

과일 나무만
족히 수백 그루는
되겠어요.
이 정도면 환자와 보호자뿐
아니라 주변의 배고픈
원주민들도 누구나 와서
따먹을 수 있겠지요?

오강가께서 저희와 함께
땅을 고르고 나무를
심어서 가꾼 과수원이라
더욱 의미가 커요.

랑바레네에서 유일한 병원이었던 닭장 진료소는 이제 300명이
넘는 환자와 보호자가 함께 지낼 수 있을 정도로 커졌습니다.
병을 치료할 뿐만 아니라 자급자족하면서 아무 걱정 없이
지낼 수 있는 병원은 슈바이처가 꿈꾸어 왔던 에덴동산의
모습 그대로였습니다.

이 나무들도
많이 자랐구나.

저런!

많이 아프겠는걸?
그물 침대에 누워 있으니
편안하고 좋기만 한걸요?

자네보고 한 말이
아니라 나무에게
한 말일세.
네? 그게 무슨
말씀이신지…….

비록 말 한마디 하지 못하는 나무라
하더라도 이렇게 줄을 맨 채로
흔들거리면 얼마나 아플까 하고
걱정되어서 하는 이야기일세.
그, 그렇겠죠?

슈바이처가 대자연을 바라보면서 느꼈던 생명에 대한 깨달음은
모든 살아 있는 것들을 아끼고 위하는 위대한 사상이 되었습니다.

1939년, 영국, 프랑스, 미국을
중심으로 한 연합국 진영과 독일,
이탈리아, 일본이 주축이 된 진영 간에
제2차 세계 대전이 벌어졌습니다.

전쟁이 일어날 것을 예상하고 미리 사 둔 약품과 의료용품들이 점점 떨어져 가요.
병원 문을 닫을 수는 없는데 어쩌나…….

쿵
쿵
폭탄이 또 병원 주변에 떨어져요. 피하셔야 할 것 같아요.
언제쯤 이 끔찍한 전쟁이 끝나려나.

부우웅~
무슨 소리지?

선생님, 부두에 화물선이 도착했대요.
화물선이라니?

슈바이처 박사님 맞으시죠? 세계 각국에서 보낸 의약품과 식량을 싣고 왔습니다.
뭐요?

이런 기적 같은 일이!

선생님! 전 세계 사람이 우리를 돕고 있어요.
이게 다 선생님의 희생에 감동해서 그런 것 같아요.

저는 묵묵히 할 일을 했을 뿐이에요. 사람들의 도움에 보답하기 위해서라도 더욱 힘내서 진료합시다.

1945년 1월 14일은 슈바이처에게 특별한 날이었습니다.

선생님, 생신 축하 드립니다!
오늘이 내 생일이었나요? 쑥스럽군요.
선생님, 생신 축하 드려요.

전쟁 중이지만 전 세계 방송이 특집 프로그램으로 선생님의 활동을 널리 알리고 있어요. 들어 보세요.

슈바이처 박사의 봉사 정신은 그의 일흔 살 생일을 맞아 세계인 모두가 다시 한번 생각을 하게…….

선생님! 일흔 살 생신을
축하 드려요.

틀렸어요.
나는 마흔 살인걸요?
네? 무슨
말씀이세요?

나는 서른 살 이후로 남을 위해서
살아가기로 결심했기 때문에
내 삶은 서른 살에 다시 태어난
것과 같아요.

*나환자: 피부가 마비되는 병인 나병에 걸린 사람

슈바이처는 노벨상뿐만 아니라 독일 명예 훈장과 영국 엘리자베스 여왕으로부터 훈장도 받았지만, 스스로 자랑스러워한 것은 따로 있었습니다.

입원 환자 250명, 나병 환자 250명이 치료를 받을 수 있는 랑바레네 병원이 그에겐 가장 자랑스러운 훈장이었습니다.

하지만 1965년 9월 1일, 전 세계의 신문과 라디오는 슬픈 소식을 전할 수밖에 없었습니다.

며칠 뒤, 슈바이처는 레나가 연주하는 바흐의 파이프 오르간 곡을 들으며 숨을 거두었습니다.

자신의 삶을 희생하여 수많은 아프리카 원주민의
목숨을 구한 슈바이처의 박애 정신은 오늘날에도
영원한 등불처럼 타오르고 있습니다.
슈바이처의 죽음을 슬퍼하며 꽃을 들고 랑바레네 밀림을
가득 채운 아프리카 원주민들과 함께 말입니다.

who?와 함께라면 미래가 보인다

어린이 진로 탐색

의사

어린이 친구들 안녕?
알베르트 슈바이처 이야기 재미있게 읽었나요?

그렇다면 이제부터
알베르트 슈바이처가 꿈을 키워 가는 과정을 함께 되짚어 보며
그가 활동한 분야와 그 분야에 속한 다양한 직업에 대해
살펴봐요!

또한 여러분에게는 어떤 장점과 적성, 가능성이
숨어 있는지 찾아보면서
그것을 어떻게 진로와 연결시킬 수 있는지에 대해서도
알아봅시다!

그럼 지금부터
여러분이 멋진 꿈을 향해 나아갈 수 있도록 도와줄
진로 탐색을 시작해 볼까요?

자기 이해부터
진로 체험까지,
다양한 진로 탐색
활동을 시작해 봐요!

의사에게 필요한 능력을 알아보아요

슈바이처는 생명을 소중하게 여겼으며 모든 생명의 가치는 똑같이 귀하다고 생각했습니다. 다른 사람의 아픔에 공감하는 능력도 뛰어났어요. 처음에 그를 믿지 못했던 아프리카 사람들이 마음을 열 수 있었던 것은 바로 이러한 슈바이처의 마음 때문이랍니다.

의사가 되기 위해서는 이외에도 다양한 능력이나 특징이 필요하답니다. 여러분은 자신의 어떤 면이 의사와 어울린다고 생각하나요? 의사로서 필요한 능력은 무엇인지, 또 나의 장점에는 어떤 것이 있을지 생각해 보세요.

의사로서 필요한 능력은?

1 생명에 대한 관심

2 환자의 아픔을 공감하는 능력

3 어려운 공부를 끝까지 해낼 수 있는 끈기

4 ------------------------------

5 ------------------------------

6 ------------------------------

7 ------------------------------

의사에 어울리는 나의 장점은?

1 식물이나 동물을 보살피는 것이 재밌다.

2 친구들의 이야기를 잘 들어준다.

3 ------------------------------

4 ------------------------------

5 ------------------------------

6 ------------------------------

7 ------------------------------

감사 편지를 써요!

슈바이처는 아프리카 사람들에게 직접적으로 도울 수 있는 방법을 찾다가 의사가 되기로 결심했어요. 아프리카의 아픈 사람들에게 가장 필요한 사람은 의사라고 생각했기 때문이지요.

의사 외에도 세상에는 꼭 필요한 일을 하는 사람들이 많아요. 우리 주변에서 필요를 채워 주는 고마운 일을 하는 사람은 누구인지 생각해 보고, 감사의 편지를 써 보세요.

존경하는 ______________께,

안녕하세요. 저는 ______________________________입니다.

제가 편지를 쓰는 이유는 __________에게 감사의 인사를 드리고 싶어서입니다.

슈바이처 의사의 이야기를 읽으면서 세상에는 참 필요한 일을 하는 사람들이 많다는 것을 느꼈습니다.

____

____

____

____

하시는 모습이 존경스럽고, 감사합니다.

저도 노력해서 ____

____

____하는 사람이 되고 싶습니다.

그럼, 안녕히 계세요.

______________ 올림

병원에서 일하는 사람들

슈바이처의 주변에는 도움을 주는 사람이 많았어요. 요제프는 슈바이처 박사가 아프리카 사람들과 의사소통할 수 있도록 통역을 해 주었고, 아내 헬레네는 간호사로 슈바이처를 도왔답니다. 또 전 세계 사람들이 의약품을 보내 주기도 했지요.
실제로 병원에서도 다양한 직업의 사람들이 서로 도우며 환자를 보살핍니다.
인터넷이나 책을 통해서 아래의 직업을 가진 사람들이 어떤 일을 하는지 알아보아요.

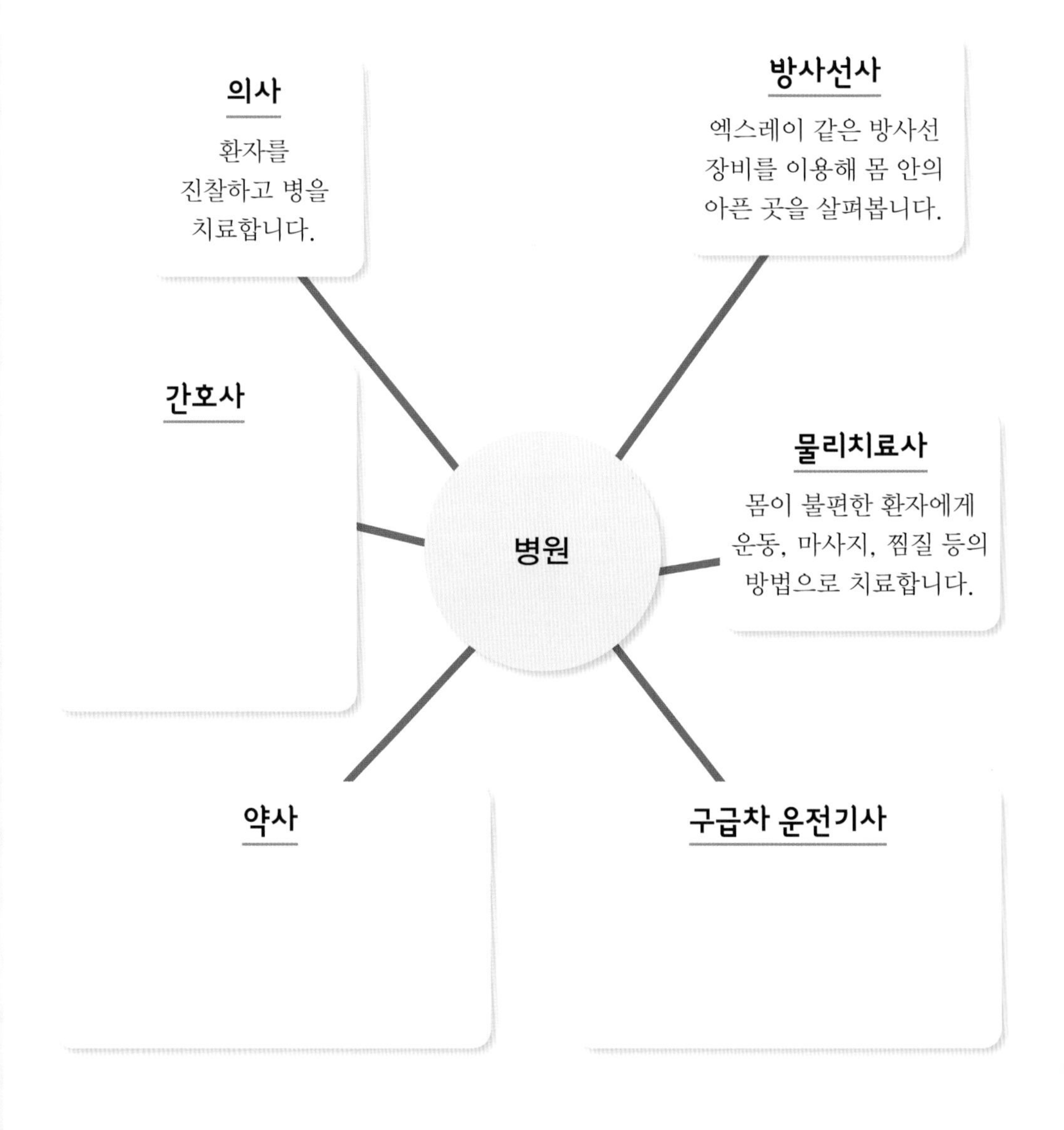

훌륭한 의사가 되었어요

슈바이처는 아프리카 사람들을 헌신적으로 치료하여 노벨 평화상을 받았어요.
슈바이처가 일흔 살 생일을 맞았을 때는 곳곳에서 그의 삶에 대한 특집 방송을 내보내기도 했지요.
20년 후에 여러분이 훌륭한 의사가 되어 신문에 난다면, 어떤 내용으로 소개될 것 같은가요? 미래의 모습을 상상하며 적어 보세요.

오늘의 인물 **미래 일보** 년 월 일

자랑스러운 한국인 의사, ____________________

____________________________________ 하다!

한국인 의사로서 전 세계에 크게 이름을 떨친 ____________________ 선생님을 모시고 말씀을 나누었습니다.

■ 이번에 세계인의 큰 주목을 받았는데요. 그에 대해서 좀 더 자세히 설명해 주세요.

■ 세계인이 존경하는 의사가 되셨는데요, 소감이 어떠신가요?

■ 이후에 의사로서 꼭 하고 싶은 일이나 지키고 싶은 게 있다면 무엇인가요?

나의 두 번째 꿈은 무엇인가요?

슈바이처는 아프리카의 환자를 위한 삶을 살면서도 음악에 대한 꿈을 포기하지 않았어요. 그래서 아프리카에 피아노를 가져와 음악으로 사람들을 치유했고, 연주회를 열어 모금 활동을 하기도 했지요.
최근 평균 수명이 늘어난 만큼 여러 가지의 꿈을 이룰 수 있는 기회가 커졌어요. 여러분도 의사 외에 하고 싶은 일에 있다면 이야기해 보세요. 의사와 음악가처럼 전혀 다른 분야의 꿈일지라도 여러분이 원하고 노력한다면 무엇이든 될 수 있을 거예요.

나는 영화를 좋아해.
만일 의사 겸 영화감독이 된다면
의료 지식을 쉽게 푼
영화를 만들 거야.

* 어떤 새로운 꿈을 갖고 있나요?

---

* 왜 그 꿈을 갖게 되었나요?

---

* 새로운 꿈을 위해선 어떤 준비를 해야 할까요?

---

* 두 가지 꿈을 동시에 이룬다면 어떤 장점이 있을까요?

진로 체험

서울 대학교 병원 의학 박물관을 방문해요

서울 대학교 병원 의학 박물관은 서울 대학교 병원 내에 있는 대한 의원 본관에 자리 잡고 있어요. 1899년에 최초의 국립 병원인 내부 병원이 세워졌는데, 1900년에 광제원으로 이름이 바뀌었고, 1907년에 대한 의원이 되었지요. 이러한 역사적 배경 때문에 사적 제248호에 지정되었으며, 당시의 건축 양식을 엿볼 수 있다는 점에서도 가치가 높답니다.

1992년에 세워진 의학 박물관은 서울 대학교 병원이 소장하고 있던 각종 문서 및 의료기기 천여 점과 한국 근대 의학 사료 팔천여 권을 전시하고 있습니다.

서울 대학교 병원 의학 박물관이 위치한 대한 의원 본관 건물

전시된 자료로는 대한 의원 개원식에 순종이 내린 칙서와 사진첩 등 대한 의원과 관련된 유물부터 근대 이후의 한국 의료의 역사를 보여 주는 의료 기구 및 문서, 의과 교육 관련 자료 등이 있어요.

이 외에도 일 년에 2번씩 특별전을 기획하여 다양한 주제로 의학 관련 자료를 전시하고 있답니다. 방학 기간에는 의학과 역사에 관심 있는 초등학교 고학년을 대상으로 교육 프로그램을 운영하기도 합니다.

서울 대학교 의학 박물관을 통해 우리나라의 의학 발달 과정을 살펴보는 것도 좋은 학습이 될 거예요.

이용 안내

* **관람 시간:** 월요일~ 금요일 09:00~18:00, 토요일 10:00~15:00
* **휴관일:** 매주 일요일 및 공휴일, 근로자의 날, 개원 기념일(10월 15일)
* **주소:** 서울특별시 종로구 대학로 101 서울 대학교 병원 의학 박물관

연표 알베르트 슈바이처

1875년	1월 14일, 알자스 지방의 카이저스베르크에서 목사의 큰아들로 태어납니다.
1884년 9세	귄스바흐에서 초등학교에 다닙니다.
1890년 15세	친척 할아버지 댁에서 학교에 다니면서 오이겐 뮌히에게 피아노와 오르간을 배웁니다.
1893년 18세	스트라스부르 대학에서 신학과 철학 공부를 시작합니다. 샤를마리 비도르에게 정식으로 파이프 오르간 교육을 받습니다.
1898년 23세	제1차 신학 시험을 치르고 견습 목사가 됩니다.
1899년 24세	파리에서 철학과 음악을 공부하고 칸트에 관한 논문을 발표합니다. 스트라스부르 대학에서 철학 박사 학위를 받습니다.
1900년 25세	제2차 신학 시험 후 신학 박사 학위를 받습니다.
1902년 27세	스트라스부르 대학 신학부에서 강의하기 시작합니다.
1904년 29세	아프리카 콩고 지역 선교의 어려움을 듣고 아프리카로 떠날 결심을 합니다.
1905년 30세	아프리카 원주민에게 봉사하는 의사가 되겠다는 결심을 밝히고 의학 공부를 시작합니다.
1912년 37세	간호학을 공부하던 헬레네 브레슬라우와 결혼합니다.

1913년 38세 아내 헬레네와 함께 아프리카 가봉에 있는 랑바레네에 도착합니다.

1914년 39세 제1차 세계 대전이 일어났지만, 랑바레네에서 의료 봉사 활동을 이어갑니다.

1915년 40세 생명 외경 사상을 깨닫고 《문화 철학》 집필에 몰두합니다.

1917년 42세 제1차 세계 대전 중에 프랑스에 있는 포로수용소에 격리 수용됩니다.

1919년 44세 딸 레나가 태어나고, 생명 외경 사상에 대해 본격적인 설교 활동을 합니다.

1920년 45세 강연과 연주회를 통해 아프리카에 대한 도움을 호소하고, 《물과 원시림 사이에서》를 발간합니다.

1924년 49세 헬레네와 레나를 남겨 두고 두 번째 아프리카 의료 봉사 활동을 위해 랑바레네로 떠납니다.

1931년 56세 《나의 생애와 사상》을 출간합니다.

1952년 77세 노벨 평화상을 받고, 상금은 모두 나환자 병원 건립에 사용합니다.

1965년 90세 9월 4일, 레나의 파이프 오르간 연주를 들으며 숨을 거둡니다.

찾아보기